고전 중국어의 비밀

흥미로운 고전 중국어 이야기

이종철 지음

흥미로운 고전 중국어 이야기

고전 중국어의 비밀

이종철 지음

어문학사

목차

2부   조금 더 궁금한 이야기

지은이의 말

　고전 중국어를 전공으로 삼아 공부하고 가르친 지 어언 20년이 훌쩍 넘었다. 전공자로서 고전 중국어라는 거대한 광맥을 탐사하다 보면 재미와 어려움을 동시에 느끼게 된다. 그것의 변화와 역사를 따라가는 것은 비유컨대 고고학자가 오래된 유적을 탐사하는 것과 비슷하다고 말할 수 있을 것 같다. 어떤 것을 새롭게 알게 되었을 때는 마치 보물을 발견한 것처럼 기쁘고 즐겁지만, 다른 한편으로는 보고 생각해봐도 잘 이해되지 않는 것을 만나면 역시나 어렵고 힘들다는 생각이 드는 것이다.

　고전 중국어는 우리가 흔히 말하는 '한문'을 가리키는 용어다. 그것은 저 갑골문 이래 청말에 이르기까지, 수천 년간 중국에서 사용된 보편적인 기록수단이었다. 또한 지역적으로 보게 되면 중국만의 것이 아니었다. 같은 한자문화권에 속한 우리나라에서도 고전 중국어, 즉 한문은 주요한 기록 수단이었고, 한글이 만들어진 이후에도 여전히 중시되고 사용되었다. 즉 고전 중국어는 동아시아 한자문화권 전반에서 사용된 중요한 문자였고, 많은 부분에 지대한 영향을 끼쳤다.

　그런 까닭에 이 고전 중국어에 대한 심도 있고 체계적인 이해는 중국뿐 아니라 우리의 고전과 문화를 이해하는 데에도 반드시 필요한 일이다. 하지만 그것이 말처럼 그리 쉬운 일은 아니다. 왜 그러한가. 우선 현대 중국어와는 다른 부분이 많고 독해를 어렵게 하는 수많은 장벽들이 있기 때문이다. 그래서 고전 중국어에 대해 많은 사람들이 어렵게 느끼고 선뜻 나서기가 부담스러운 것이다.

그럼 해법은 무엇일까. 딱히 어떤 비법이 있을 수 없다. 일단 한자를 많이 공부하고 이해하는 것이 중요하고, 다음으로는 양질의 참고서의 도움을 받는 것도 필요하다. 그런 뒤에는 많이 읽어보고 써보고 생각해보면서 그 이해의 폭과 깊이를 더해가는 것이 중요할 것 같다.

이 책의 집필 의도는 크게 두 가지다. 먼저 고전 중국어가 어렵기만 한 것이 아니라 재미있고 흥미로운 점이 많다는 것을 밝히고 싶었다. 그동안 고전 중국어를 공부하고 가르쳐 오면서 직·간접적으로 느꼈던 여러 궁금한 점들, 질문들에 대해 이야기 하고자 했다. 그리고 흥미로운 부분들을 소개하려고 나름 노력해보았다. 예컨대 언어에 대한 제자백가들의 다양한 생각과 주장들을 살펴보고, 성어, 대련, 시호 등 고전 중국어의 독특한 언어 현상에 대해서 풀어보기도 했다. 그밖에도 꼭 알아야 할 인물 및 기타여러 언어 현상들에 대해서도 최대한 쉽고 재밌게 소개하려 노력했다. 또한 종종 그것으로 현대 사회를 비춰보려고도 했다. 요컨대 고전 중국어와 고대의 언어문화는 어렵고 지루하다는 느낌을 좀 바꿔보려고 여러 각도에서 노력해보았다.

또 다른 하나는 고전 중국어에 대한 어느 정도 기본적인 이해를 갖추고 흥미를 느낀다는 전제 위에서 조금 더 전문적이고 깊이 있는 탐색을 제공해보고자 하였다. 다시 말해 독자들과 함께고전 중국어의 세계 속으로 조금 더 깊숙이 들어가 보고 싶었다. 그래서 고전 중국어의 여러 현상에 대한 논문을 4편 실었다. 많은 참고가 되면 좋겠다. 물론 논문이라는 글쓰기가 갖는 특유의형식과 톤이 있지만, 어렵고 딱딱한 느낌을 덜어내기 위해 손을보았으니 읽기에 큰 부담은 없으리라 믿는다.

고전 중국어는 결코 박물관에 있는 유물이 아니다. 수천 년간한자문화권에서 사용되어 왔고, 지금도 현대 중국어와 연계되어면면히 흐르는 역사의 강물 같은 것이다. 이 작은 책이 고전 중국

어를 공부하는데 작게나마 도움이 되고 나아가 고전과 고전 문화
에 관심과 흥미를 느끼게 하는 작은 단초가 되어주면 좋겠다.

2022. 08.

지은이 이종철

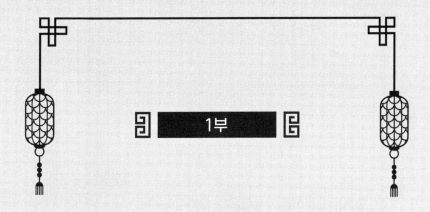

1부

고전 중국어라는 광맥

고전 중국어의 세계는 넓고도 깊다. 3000여년 전의 갑골문에서 시작하여 장구한 시간을 지나 오늘에 이르고 있다. 그것은 또한 비유컨대 거대한 광맥과 같아서 다각적으로 접근하고 깊이있게 탐사해야 그 본모습에 가 닿을 수 있다. 좀 더 구체적으로 말해 고대의 수많은 문헌들, 그 안에 담긴 다양한 사유와 지혜들을 파악하기 위해서는 일차적으로 고전 중국어에 대한 이해가 선행되어야 한다. 1부에서는 몇 가지 주제를 따라가면서 고전 중국어의 면모를 밝혀보고자 했다.

1장 고전 중국어란 무엇인가

01. 공자는 표준어를 사용했을까, 표준어의 계보

중국은 땅이 넓은 만큼 지역차가 크다. 언어 역시 그러한데, 수많은 방언이 존재하고, 발음의 차이 또한 커서 방언 간에 전혀 소통이 안 되는 경우도 허다하다. 예를 들어 상하이에서 박사 유학을 했던 나는 상하이 방언 吳방언 을 거의 알아듣지 못했다. 그만큼 표준어와는 많이 달랐다. 기숙사에서 나와 월세를 얻어 살았던 나는 앞집 옆집이든 동네 주민들하고도 안면을 트고 지냈는데, 상하이 말로 인사를 건네는 그들에게 매번 "난 외국인이고 상하이 말은 못 알아들으니 표준어로 합시다."라고 말했던 기억이 난다. 그러다 며칠 만에 만나면 그들은 또 상하이 말을 하고…. 그렇다면 고대 중국은 어떠했을까. 오늘날처럼 통용되는 표준어가 존재했을까.

결론부터 말하자면 고대 중국에도 표준어가 존재했다. 선진 先秦 시기에는 아언 雅言 이 있었고 한대에는 통어 通語 라고 불리는 표준어가 있었다. 『논어』에는 이런 말이 있다. "공자는 시, 서, 집례를 할 때 아언을 사용하셨다 子所雅言, 詩, 書, 執禮, 皆雅言也 ." 아언 雅言

이란 아름다운 말이 아니라 주나라 왕실에서 사용되는 공식적인 말, 즉 춘추 전국 시대의 표준어라고 할 수 있는 것이다. 사신들이 왕래하거나 제후들이 교류할 때 모두 이 아언을 사용했다.

한나라 때의 표준어는 한 단계 더 진보한다. 관리나 지식인뿐 아니라 많은 사람들이 서로 다른 지역의 사람들과 교류할 때 이 통어를 사용했다. 몽고족이 중국을 통일한 원대에 이르면 북경이 중국의 중심으로 처음 등장하게 되면서 북경지역의 말이 표준음으로 제정되며 표준어로서의 주도권을 잡게 된다. 이후 명·청시기의 표준어는 관화官話라고 불렀다. 북경을 비롯 북방지역의 말을 기본으로 하고 북경음을 표준으로 하는 관화가 널리 보급되었다.

02. 雅言과 通語에 대하여

선진시기의 표준어, 즉 雅言에 대해 좀 더 알아보자. 공자는 노나라 사람, 즉 지금의 산동성 사람이었다. 당연히 산동 방언을 사용했을 것이다. 하지만 『論語』에도 기록되어 있듯이 공식적인 자리, 혹은 학생들을 가르칠 때는 아언을 사용했다고 기록되어 있다. 앞서도 얘기했듯이 아언은 춘추전국의 표준어인데, 그렇다면 아언은 어느 지역의 말을 근거로 하고 있는 것인가. 당시의 중심은 당연히 천자가 있는 주周나라였고, 좀 더 구체적으로 보자면 주나라의 수도 낙양洛陽이었다. 따라서 당시 낙양 일대의 말이 표준이 되었다고 할 수 있다. 여러 지역에 살고 있던 제후들은 평소에는 각자 자신들 지역의 방언을 사용했겠지만 주나라 천자를 알현하거나, 공식적인 업무를 처리하는 자리에서는 아언을 사용했을 것이다. 공자 또한 마찬가지로 평소엔 산동 방언을 쓰다가 교실에서는 표준어를 쓴 것이다. 추측컨대 아마도 산동 억양이 밴 표준어를 구사했을 것이다.

여담을 하나 소개하자면, 처음 상하이에 유학 가서 수업을 막 듣기 시작했을 때의 일이다. 교수님들은 강의실에서 표준어로 수업을 진행했는데 이상하게도 잘 들리지 않았다. 나중에 알고 보니 선생님들의 출신 지역이 다양해서 표준어를 쓴다고 해도 각자 고향의 억양이 들어간 표준어를 사용했던 것이다. 정확하고 깨끗한 표준어에 익숙했던 나에게 남방의 다양한 방언 억양이 들어간 교수님들의 말들이 많이 다르게 다가왔던 것이다.

한나라의 通語 역시 雅言과 마찬가지로 표준어의 지위를 가졌을 것이다. 보편적으로 통용되는 말, 이라는 명칭의 의미처럼 당시의 표준어, 공통어, 공식어였을 것이다. 또한 이 통어란 단어는 한나라의 대학자 양웅의 방언 모음집 『방언』에서 방언과 대비되는, 즉 표준어라는 의미의 용어로 등장한다.

03. 같은 글자가 다양한 의미로 쓰인다

고대 중국어의 특징은 여러 가지가 있다. 그 중 뚜렷한 특징 중 하나가 다의 多義 와 겸어 謙語 현상이다. 다의란 말 그대로 한 글자가 여러 가지 의미로 쓰인다는 말이고, 겸어란 한 글자가 여러 품사로 두루 쓰이는 것을 말한다. 이는 안 그래도 어려운 한자를 더욱 어렵게 느끼게 하는 대표적 요인 중 하나다. 즉 다의와 겸어에 대해 잘 알지 못하면 당장 해석상의 오역을 야기할테니, 이는 누구라도 고대 중국어를 어렵게 느끼게 하는 대표적 요인이다. 우리뿐 아니라 중국인들도 고대 중국어를 어려워한다.

그럼 어떻게 해야 할까, 뭐 뾰족한 방법이 없다. 주의 깊게 읽어서 맥락 안에서 그 의미와 용법을 파악해야 한다. 그 글자의 여러 의미 중 어떤 뜻으로 사용된 것인지, 동사로 쓰인 것인지, 명사로 쓰인 것인지 등을 문장 안에서 파악해야 한다. 다행히 고대의 수많은 전적들은 이미 많은 이들이 주석을 달아놓았기에 그것을 참고하면 되고, 사전을 참고하면 어느 정도 문제는 해결된다. 물론 그들의 해석과 설명이 다 옳기만 한 것은 아니기에 여전히 애매한 부분도 있을 수 있다.

사실 이런 다의와 겸어 현상은 고대 중국어만의 일은 아니다. 현대 중국어에서도 마찬가지일 때도 많다. 이는 한자 자체가 갖는 태생적 특징과 연관되기 때문이다. 즉 한자 자체가 표의성이 강한 뜻글자의 성격을 가지기 때문에 글자 하나에 함축적이고 다양한 의미를 포함하게 되는 것이고, 글자 또는 낱말에 어떤 형태적 변화를 가할 수 없기에 문장성분, 품사 구분이 어려운 것이다. 그래서 이를 파악하기 위해서는 어순을 잘 봐야 하고 전체적인 문장 안에서 그 맥락을 잘 따져야 하는 것이다.

04. 언어에 대한 오래된 질문

인간의 감정과 생각은 말과 글로 표현된다. 그런데 그에 대한 오래된 질문이 있다. 과연 우리들은 말로, 그리고 글을 통해 뜻을 다 표현할 수 있는 것일까?

수천 년 전 중국에서도 이에 대한 깊은 고찰이 있었다. "언어로써 뜻을 충분히 표현하고, 문채로서 언어를 완벽히 수식한다言以足之, 文以足言."라는 말이 있다. 『좌전』에 나오는 문장이다. 공자는 이에 대해 "말은 사상을 충분히 표현할 수 있으면 그만이다辭達而已矣."라는 말로 정리했다. 즉 공자는 언어로 뜻을 충분히 표현할 수 있다는 관점을 취했다.

한편 "글로는 말을 다 담지 못하고, 말로는 뜻을 다 나타내지 못한다書不盡言, 言不盡意."라는 유명한 말이 있다. 『주역』에 나오는 말인데, 이 또한 말과 글, 뜻에 대한 고대 중국인들의 인식을 잘 드러내주는 말이다. 그리고 이것은 앞의 의견에 대해 반대되는 의견으로 볼 수 있다.

자 그렇다면 이렇게 상반된 두 주장을 어떻게 받아들여야 할까. 과연 어떤 것이 맞는 말이란 말인가. 이것은 맞다 틀리다의 문제는 아닐 것이다. 언어로 뜻을 충분히 전달할 수 있다는 관점은 주로 드러내 보이는 것, 즉 현시顯示에 방점을 찍은 것이고, 언어로 뜻을 다 표현할 수 없다, 라는 관점은 암시暗示에 중점을 두고 있는 것이리라.

언어의 기능과 효용에 대한 제자백가들의 의견을 조금 더 찾아보자. 맹자는 언어의 운용에서 부족한 부분을 표정, 기색으로 보충해야 한다는 주장을 하고 있다. 즉 "얼굴색에 나타나고, 말로 발설해야 남에게 이해시킬 수 있다 徵於色, 發於聲以後喩." 언어의 마술사 장자는 또 다음과 같은 말을 남겼다. "언어로 이야기할 수 있는 것은 사물의 조박한 측면이고, 생각으로 헤아릴 수 있는 것은 사물의 정미한 측면이다 可以言論者 物之粗也 可以意致者, 物之精也."

05. 중국어의 시기 구분

갑골문부터 현재까지 3000년이 넘는 장구한 시간, 중국어는 이 긴 역사만큼 많은 변화와 발전을 거쳤다. 그리고 지금도 살아 있는 생물처럼 끊임없이 변하고 있는 중이다. 그 역사를 따라가는 일은 마치 고고학자가 유물을 발굴하는 것처럼 흥미롭고 지난한 과정이다. 자, 그 작업을 하기 위해서는 중국어를 시간대별로 좀 나누어 살펴볼 필요가 있다. 중국어를 시기별로 구분을 한다면 어떻게 할 수 있을까.

우선 가장 크게는 고대 중국어와 현대 중국어로 구분한다. 학자마다 그 분류가 조금씩 다르기도 하지만, 일반적으로 1911년 중화민국 시기를 기준으로 그 이전을 큰 범위에서 고대 중국어, 그 이후를 현대 중국어로 구분한다. 즉 청나라 때까지를 고대 중국어로 보는 관점이다. 혹자는 1919년 신문화 운동을 기점으로 해서 나누기도 한다. 이런 분류의 기준은 대략 5.4 신문화 운동 시 백화문 사용을 주창한 것을 그 근거로 삼는 것 같다. 그 외에도 아편전쟁을 기준으로 나누는 학자도 있고 여러 분류가 있다.

자, 중국어를 크게 양분해 보았는데, 조금 더 구체적으로 분류하면 네 시기로 분류하기도 한다. 즉 상고한어 - 중고한어 - 근대한어 - 현대한어, 라는 분류인데 일반적으로 상고한어는 주 - 양한 시기까지의 중국어를 지칭한다. 말 그대로 상고시절, 즉 옛날 옛적의 중국어를 말한다. 중고 한어는 위진 남북조부터 당까지를 포함하는 중국어를 말하고, 근대 한어는 송원명청 시기의 중국어를 일컫는다. 그리고 현대 한어는 앞서 말한대로 1911년 이후, 혹은 1919년 이후부터 현재까지의 중국어를 가리킨다.

06. 갑골문 이야기 1

갑골문

갑골문 이야기를 조금 해볼까 한다. 갑골문은 1899년 발견된 이래 뜨거운 관심 속에서 연구가 진행되었고 이제 그 역사가 100여년이 좀 넘었다. 갑골문이란 글자 그대로 거북이 등이나 배딱지, 소의 어깨뼈 같은 곳에 칼로 새긴 은나라 시대의 글자를 말한다. 여러 다른 의견들이 있지만 공식적으로 최초의 문자로 인정되며 대략 3300년 전의 문자로 인식된다. 즉 한자는 대략 이 정도의 역사를 가지고 있는 셈이다.

갑골문의 발견 과정이 재밌다. 고급 관리이자 금석문에 조예가 깊은 왕의영 王懿榮 이란 사람이 약으로 쓰기 위해 한약방 등에서 뼈를 사들이는 과정에서 이 갑골문을 접한다. 뭔가 심상치 않음을 느낀 왕의영은 열심히 뼈를 사들였고, 그것이 과거의 글자임을 알아차리게 된 것이다. 그러니까 무려 삼천 년을 땅속에 묻혀 있다가 발견된 것이다.

현재까지 발굴된 갑골문의 글자 수는 대략 오천 자, 이 가운데 정확히 해독된 수는 천자 정도 된다. 알려진 대로 주로 점에 관한 기록이 대부분이다. 국가의 중대사를 결정할 때 점을 치고 그 결과를 뼈에 새겨 넣은 것이다. 이로써 은나라의 존재 여부도 확실히 입증이 되었고, 포괄적이고 실증적인 고대 사료로서 그 가치가 매우 높은 것이다. 또한 그 자체로 이미 상당히 성숙된 문자체계임을 드러내고 있기에, 많은 학자들이 중국 문자의 기원을 갑골문 이전이라고 보고, 실제로 시기적으로 앞서는 도기 문자를 이야기하기도 한다.

07. 갑골문 이야기 2

자 앞서 갑골문의 수량은 오천 자, 그중 천자 정도가 해독되었다고 말했다. 그렇다면 나머지 글자들은 왜 해독이 안 되는가. 다 이유가 있다. 해독이 어려운 글자들은 대개 상대의 문화, 제도, 인명, 지명 등 고유명사이기 때문에 해독률이 떨어지는 것이다. 즉 상대에 대한 전반적인 이해가 선행되지 않으면 갑골문은 그림의 떡일 수 있는 것이다. 갑골문은 갑골에 칼로 새긴 문자인데, 칼로 새기기 전에 먼저 붓으로 글자를 썼던 것 같다.

앞서도 말했듯이 갑골문은 이미 상당히 성숙된 문자 체계라고 할 수 있다. 한자의 조자 원리인 육서가 이미 사용되고 있으니 말이다. 하지만 현대의 대부분을 차지하고 있는 형성자의 비율이 낮은 것으로 보아 전체 한자 역사로 보면 초기 단계임을 또한 알 수 있다.

이처럼 초기 단계이기 때문에 자형이 한가지로 고정되지 않고 다양한 것도 갑골문의 특징이다. 즉 선의 증감, 위치의 변동 등 유동적 형태로 사용되었다. 자체의 특징은 가늘고 모난 직선의 형태가 많고 속은 메우지 않았다. 이는 도구와 서사 자료 때문인데, 뼈 위에 칼로 새겼기 때문이다.

1부 고전 중국어라는 광맥

08. 금문 이야기

상대 갑골문 다음에는 주대 周代 금문 金文 이다. 고대에는 동을 흔히 금으로 불렀기에 금문이란 이름이 붙여진 것이다. 금문은 예기, 공구, 악기, 병기 등 각종 청동기물에 새겨진 문자를 지칭한다.

금문이 주요하게 사용된 시기는 주나라이지만 상대에도 금문은 사용되었고 춘추전국까지 약 1200년에 걸쳐 사용되었다. 금문은 청동기에 주조된 문자이기에 보존 상태가 갑골문에 비해 훨씬

청동기 금문

양호하다. 상대 금문의 내용은 주로 청동기 제작자의 이름, 제사에 관련된 것들이다. 주대의 금문은 전쟁, 분봉에 대한 기록이 많고 후대로 갈수록 내용도 다양해지고 문자수도 늘어난다. 주왕실이 쇠락하고 제후국들이 점차 세력을 키워가던 춘추시대에 이르면 각 제후국에서 제조된 청동기가 늘어난다.

현재까지 발견된 금문은 3,700자 정도가 되고 그중 2,400여자가 해독되었다. 청동기 수량 자체가 많지 않아 전체 글자 수는 갑골문보다 적지만 해독률은 훨씬 높다. 이는 금문의 보존 상태가 양호하고 시기적으로 갑골문보다 뒤에 나온 글자이기 때문이다.

09. 육국문자, 해독을 기다린다

육국문자

전국시대 말 중국 대륙은 7개로 갈라져 있었다. 이름하여 전국 칠웅, 연·위·제·진·조·한·초나라가 각축을 벌였다. 그 중 신흥 진나라가 급격히 세력을 키워 6개국을 차례로 무너뜨리고 드디어 중국 역사 최초로 통일국가를 이룬다. 그 왕은 자신을 시황제로 칭하며 천년만년 지속될 영원한 제국을 꿈꿨다. 진은 통일을 이룬 뒤 7개국 각각에서 사용되던 화폐와 도량형을 통일하고 문자를 개혁했다. 이른바 중국 역사상 첫 번째의 문자개혁이다. 당연히 진나라가 기준이 되었다. 통일 전 진나라의 문자가 대전, 그것을 기초로 만든 통일 진의 문자가 바로 소전이다.

자 그렇다면 나머지 6개국의 문자는 어떻게 되었을까. 아쉽게도 역사 속으로 사라졌다. 그리고 그것은 육국고문, 육국문자, 고문 등으로 도매급으로 통칭된다. 역사는 승자의 것이다. 조나라가 통일했으면 조나라가 기준이 되었을 것이며, 맨 마지막까지 진에 끈질기게 저항했던 초나라가 통일했다면 초나라 문자로 통일되었을 것이다. 진은 시황제의 죽음 뒤 바로 멸망했다.

진에 의해 멸망한 6개국의 문자, 이 육국문자는 아직 제대로 연구되지 못했다. 아니 뭐가 어느 나라 글자체인지도, 즉 뭐가 뭔지도 아직 명확하지 않고 요컨대 오리무중이다. 이건 쉽지 않은 작업일 것이다. 누군가 천재가 짠하고 나타나 육국문자에 대해 속 시원히 밝혀주면 좋겠다.

10. 진시황의 문자통일과 육국문자

전국칠웅 지도

기원전 221년, 중국 대륙에서는 550년간 지속된 춘추전국이 막을 내리고 통일왕조인 진秦이 들어선다. 황제라는 호칭이 시작되고 문물과 제도가 정비된다. 만리장성을 쌓고 아방궁을 짓고 불로초를 구하고, 분서갱유를 하는 등 진제국은 빠르게 움직인다. 자, 그리고 중국어 역사 중 첫 번째 문자 통일도 단행된다. 여기서의 문자 통일이란 구체적으로 무엇을 말하는 것일까. 전국시대 가장 큰 세력을 가졌던 7개의 제후국을 전국칠웅이라 하는데, 그 중 진에 의해 무너진 나머지 6개국은 각자 다른 문자, 즉 같은 한자이긴 하지만 서로 다른 한자를 사용했다. 통일 진나라는 자신들이 이전에 사용하던 대전을 기본으로 하여 새로운 자체인 소전을 만들어 공표했고, 이로써 복잡했던 문자는 소전으로 통일이 되었다. 역사는 승자에 의해 만들어진다. 멸망한 6개국의 문자는 각자 특색과 개성이 있었겠지만, 이후 그냥 통칭해서 육국문자, 전국문자 혹은 육국고문, 고문이라고 불렸고 빠르게 잊혀졌다. 만약 제나라나 연나라, 혹은 초나라가 통일을 했다면 당연히 그 나라 문자로 통일되었을 것이다.

그런데 이 나머지 육국문자가 古文으로 불리게 된 상황이 재밌다. 천년만년 영원하길 꿈꿨을 진제국은 진시황이 죽자마자 바로 무너지게 되고, 이어 등장한 한왕조, 그 4대 황제인 경제가 아들을 옛 노나라 지역의 왕으로 봉했다. 신하를 시켜 공자의 고택의 일부를 허물었는데, 그 안에서 유교의 경전들이 쏟아져 나왔다. 진의 분서령을 피해 벽 속에 숨겨둔 것이었다. 그 책들은 은닉 당시 사용되던 육국문자로 기록이 되었는데, 그것이 한나라 사람들이 알아보기 힘들만큼 이상하고 생소했던 모양이다. 불과 60~70년의 시차가 있을 뿐이었는데도 말이다. 그래서 한나라 사람들은 그 문자를 먼 옛날의 문자로 오인을 하여 옛날문자, 즉 고문이라고 불렀던 것이다. 곡부의 공자 저택, 즉 공부孔府 에는 그때 그 경전이 쏟아진 곳을 기념하여 '노벽魯壁'이라는 글자가 새겨져 있다. 나는 곡부에 세 번 가보았다. 곡부에서 그 노벽을 보

면서 나로 모르게 탄성이 나왔다. '아 여기가 바로 육국문자로 쓰인 책들이 쏟아진 곳이구나.'

11. 육서 이야기

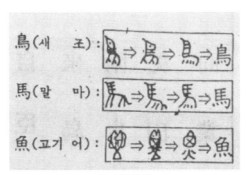

육서 중 상형

한자의 조자造字 원리로 흔히들 六書를 말한다. 2000년 전 허신이 설문해자를 통해 제기한 이래, 지금까지 한자의 조자 원리로 통용되는 것이 바로 이 육서다. 우리도 중학교 한문 시간에 이미 배워서 익숙하다. 상형, 지사, 회의, 형성, 가차, 전주가 바로 육서다. 간단히 한번 복습해보자.

상형은 말 그대로 사물의 모양을 본떠서 만드는 글자로 시기적으로 가장 먼저 이 방법을 사용했을 것이다. 山, 川, 人, 魚 등이 그것이다. 지사는 모양으로 표시되지 않는 여러 추상적 개념들을 역시 추상적인 기호로 글자를 만들어내는 방법이다. 대표적으로

上, 下가 있고, 기존의 글자에 선이나 점을 이어 만드는 本, 末 같은 예도 있다. 회의는 기존에 만들어진 글자들을 두 개 이상 조합하여 새로운 의미를 만들어내는 방법으로 林, 休 등이 그것이다.

다음으로 이미 만들어진 글자를 빌려다 쓰는 것이 가차다. 이는 새로운 글자를 만드는 造字라기 보다 기존의 글자를 이용하는 用字라고 할 수 있다. 예컨대 我, 女, 其 등이 가차자다. 즉 기존에 있는 음이 같은 글자를 빌려 그 뜻을 표현하는 방식이다. 이러한 여러 방법에도 불구하고 글자를 만들어 쓰는 데는 한계가 있다. 이를 타파하는 것이 바로 형성이다. 즉 발음과 의미를 함께 고려하여 새로운 글자를 만드는 방식이다. 즉 뜻을 나타내는 형체 부분과 소리를 나타내는 부분을 합쳐서 만드는 방식이다. 현대 한자의 90프로 이상이 이 형성의 방식으로 만들어진 한자다. 江, 河가 이에 속한다. 마지막 전주는 나머지 5개와는 다르게 그것이 확실하게 무엇인지 좀 애매한데, 대체적으로 A는 B이다 라는 식으로 의미가 같은 두 글자가 서로의 의미를 설명해주는 방식이다.

12. 당송 고문 운동

흔히들 말하는 당송 고문古文 운동이란 당송 시대에 일어난 문학, 언어의 혁신 운동을 가리킨다. 내용적으로는 유학을 부흥시키는 것이었고, 형식적으로는 화려한 변려문騈儷文을 반대하고 고문을 쓰자는 것이었다.

여기서 말하는 고문은 선진양한先秦兩漢의 순정한 문체를 지칭하는데, 변려문과 상대되는 개념이라고 봐야 한다. 즉 남북조 이래 유행했던 변려문은 지나치게 형식에 치우쳐 내실이 없고 실용성이 떨어졌다. 반면 선진양한의 산문은 질박하고 자유로워 형식에 기울 필요 없이 의사 표현이 자유로웠다. 이에 한유를 중심으로 한 고문운동가들은 순정한 고문으로 돌아가자고 주창한 것이다.

물론 한유의 주장은 단순한 복고나 답습이 아니고 고문을 모범으로 삼아 새롭고 창조적인 문장을 구사하자는 것이었다. 즉 평이한 문장으로 새로운 풍격을 갖추자는 주장이었다. 그의 주장은 이후 당송의 뛰어난 문장가를 대표하는 당송팔대가에 이어져 고문 운동의 주요 골자가 되었다. 한편에서는 복고에만 치중한 고문 운동가들도 물론 있었다. 그들의 문체는 훗날 의고문파로 이어지기도 했다.

13. 변려문이란 무엇인가

화려한 문체의 대명사, 그래서 역대로 비판도 많이 받았던 변려문駢儷文에 대해 좀 알아보자. 변려문은 간단히 말해 4언구와 6언구를 기본으로 하고 대구를 써서 구성한 한문 문체를 지칭한다. 주로 4언, 6언이라 해서 사륙문이라고도 불리고 혹은 그걸 합쳐서 사륙변려문이라고도 한다.

변려문에 특징에 대해 좀 더 구체적으로 이야기해보자. 우선 대구를 중요시하여 추구했다는 점을 들 수 있다. 둘째로 4언이나

6언을 주로 사용한다는 점, 셋째 평측과 압운을 맞추어 리듬감을 잘 살린다는 점, 넷째 전고를 많이 사용하여 화려한 미문으로 만든다는 점이 대표적인 특징으로 들 수 있다.

변려문은 그전에도 물론 창작되었지만 한대에 이르러 賦가 성행하면서 더욱 촉진되었고, 위진남북조에 이르러 극성수기를 맞이했다. 변려문은 역사적으로 고문과 반비례하면서 명맥을 이어갔다. 예컨대 위진남북조에 크게 유행하다가 고문이 중시되던 당송시기에는 상대적으로 위축되었고, 원·명은 그런대로 명맥을 유지하다가 청대에 와서 또 다시 성행하였다. 변려문은 화려한 수식이나 묘사에는 적합하나 뜻을 분명하게 전달하고 치밀한 논리 전개 등에는 맞지 않는 문체라고 할 수 있겠다. 역대 변려문에 대한 비판의 핵심도 바로 여기에 있다고 하겠다.

14. 팔고문이란 무엇인가

팔고문 八股文 이란 명, 청시대 과거 過擧 에서 사용되던 특수한 문체를 가리킨다. 즉 팔고문은 아주 고정된 격식을 이루는데, 파제(제목의 뜻 설명), 승제(제목의 부연설명), 기강, 입수(본론으로 들어가는 부분), 기고, 중고(본론의 핵심을 논술), 후고(보충), 속고(결론) 까지 8가지 형식을 아우르는 말이고, 股라는 것은 대우로 글을 짓는 것을 또한 지칭한다. 기고에서 속고까지 4개의 고는 각각 대우를 이루어 총 8개가 되니 마치 8개의 기둥을 세우는 것 같다 하여 팔고라고 부르는 것이다.

팔고문의 제재는 모두 四書에서 따오고, 과거에 나오는 사서의 내용은 모두 주희가 주를 단 『사서집주四書集註』에 입각해서 글을 써야만 했다. 이 팔고문을 시험내용으로 하는 과거제는 청말까지 지속되었는데 갈수록 그 폐단이 심했다. 즉 경서와 팔고문만을 기계적으로 암기하면 합격이 가능하니, 합격자를 제한하기 위해 출제자는 점점 무의미한, 언어유희에 가까운 문제를 출제하게 되고 점점 이상한 시험이 되어갔던 것이다.

팔고문은 또한 지정된 경서에 입각하여 문장을 짓는다는 의미로 경의經義 또는 제의制義 라는 명칭으로도 사용되었다.

15. 작은 학문이 아니라, 小學

중국에서는 전통 언어학을 小學이라 불렀다. 먼저 소학이라는 단어에 대해 몇 가지 말해보자. 오늘날 중국에서 소학은 초등학교라는 의미로 가장 많이 쓰인다. 사실 이 전통은 오래된 것이다. 상고시대 왕궁 근처에 설치되어 귀족의 자제들에게 여러 학문을 가르치는 곳을 지칭하여 역시 소학이었으니 말이다. 수년간 소학을 거친 그들은 소학과 상대되

『중국소학사』

는 의미, 즉 큰 학교인 대학에 들어갔다. 오늘날의 초등학교, 대학교의 개념과도 일맥상통하는 지점이다. 그밖에 송나라 때 주희가 소년들에게 유학을 가르치려고 만든 교재 또한 소학이라는 이름을 가지고 있다.

고대 전통 언어학으로서의 소학은 좀 더 구체적으로 문자학 및 훈고학을 지칭하는 것이었다. 예컨대 한대의 역사서인 한서 예문지에 실려 있는 「소학십가」는 모두 자서와 훈고서를 말하는 것이었다. 이후 역대의 서적 분류는 대체로 이를 따랐고, 청대에 이르면 소학에 운서도 포함되어 자서, 훈고서, 운서를 종합적으로 지칭하게 되었다.

여담이지만 필자의 박사지도 교수님이 쓰신 대표작 중 하나가 『중국소학사』란 책이다. 중국의 전통 언어학을 통시적으로 소개하고 있는 책으로, 국내에도 번역본이 나와 있다. 나는 그 책을 읽고 상하이 유학을 결심했다.

16. 구어에서 멀어져가는 어려운 글, 그리고 백화의 탄생

중국어를 공부하고 연구하면서 계속 느끼는 것이지만, 한자는 참 어렵다. 특히 고전 중국어, 우리가 흔히 말하는 한문이 특히 더 그렇다. 20여 년 전 필자가 고전 중국어를 전공하겠다고 중국 유학을 왔을 때 지도교수님은 신기했을 것이다. 어려워서 중국 학생들도 기피하는데 그걸 외국인이 하겠다고 나섰으니 말이다.

한자, 한문 그중에서도 그들만의 리그처럼 어려운 文言이 점점 더 구어에서 멀어져 가자, 그에 대한 반동으로 당나라 때 백화라는 것이 탄생한다. 백화 白話 란 간단히 말해 구어에 가까운 글말이다. 여기서 백은 희다는 의미의 백인데, 즉 꾸미지 않은 말을 지칭하는 것이다. 어렵게 꾸미지 않고 누구라도 쉽게 이해할 수 있는 평상시 구어를 적극 반영한 글을 말하는 것이다.

이 백화는 통속적인 문학 장르 소설에서 자신의 역량을 발휘한다. 일반 대중들이 쉽게 쓰고 읽을 수 있는 이 백화는 이후 본격적으로 발전해 나가기 시작했다. 우리가 잘 아는 4대 기서, 즉 삼국지, 수호지, 서유기, 금병매 이 작품들도 모두 이 백화로 쓴 것이다. 백화는 쭉 이어져 1919년 신문화 운동에서 더욱 강조되고 장려되며 주요 슬로건 중 하나가 될 정도였다.

자 그렇다면 어려운 문언문은 완전히 사라졌을까? 그렇지 않다. 청말까지 면면히 이어진 문언은 일상에서는 거의 사용되지 않지만 일부의 상황에서 여전히 사용된다. 예를 들면 제사를 지낼 때 제문으로 사용되거나, 결혼 청첩장을 쓸 때 사용되는 등 제한적으로 사용된다.

17. 경학의 탄생

고대 중국의 학문 중 경학 經學 이라는 것이 있다. 글자 그대로 경전을 공부한다는 말인데, 구체적으로 유가의 경전을 공부한다는 말 되겠다. 주지하듯 한대에 이르면 유교가 국가의 정식 통치 이념이 된다. 학자들은 앞다투어 시경, 서경, 역경, 춘추, 예기를 오경으로 삼아 깊게 파기 시작한다. 해당 저서들을 떠받들며 한 글자 한 글자를 주석해나간다. 즉 경전에 담긴 내용과 의미를 제대로 파악하기 위해 일급 학자들이 달려들어 한 글자씩 파헤쳐가며 주석을 달기 시작한 것이다.

중국의 경학은 시기적으로 크게 3단계로 분류된다. 한·당·송·명 그리고 청대로 나뉜다. 사회가 변하고 발전함에 따라 경학도 달라지게 된 것은, 연구자의 이해와 입장에 따른 것도 있지만 시대에 따른 요구가 달랐기 때문이기도 하다. 연구 대상도 초기의 5경에서 논어, 맹자를 포함하는 13경으로 확대된다.

한·당 시기의 경학은 한 글자씩 치밀하게 주석하는 것이 주가 되었다. 그렇게 함으로써 각 경전 주석이 결정판이 이미 나오게 된다. 예컨대 한대에 정현이란 학자가 오경 전반에 대한 상세한 주석을 완성했고 이는 후대에도 막대한 영향을 주었다. 당나라 때는 공영달의 오경정의가 나와 중국 경학사에 있어 또 한 획을 긋는다.

이처럼 각 유가 경전에 대한 치밀한 주석과 연구는 유학의 변화, 발전에 있어 가장 중심적인 역할을 했다. 경전 해석의 형식으로는 注와 疏 2가지가 있다. 주는 경전의 자구를 충실하게 해설하는 1차 주석이고, 소는 주의 권위를 인정하고 다시 상세한 설명을 하는 방식을 말한다. 즉 주석의 주석 혹은 2차 주석을 말하는 것이다.

18. 자금성과 만주어

자금성 안 건청문 편액

　우리 영화 「최종병기 활」과 「남한산성」은 병자호란을 배경으로 하기에 만주어를 하는 청나라 인물들이 나온다. 배우들의 입에서 발음되는 만주어를 듣고 있으면 묘한 기분이 들고, 만주어 발음은 굉장히 낯설게 들린다. 흥미로운 대목이다. 자, 이번엔 만주어를 시각적으로 체험할 수 있는 곳에 대해 말해보자. 중국이 자랑하는 유적지, 베이징의 고궁 즉 자금성에 가보면 궁내의 여러 편액에서 흥미로운 사실 하나를 발견하게 된다. 한자 옆에 정체불명의 문자가 함께 병기되어 있는데, 그것이 바로 만주어인 것이다. 만주어를 병기한 것은 즉 자신들의 정체성을 잊지 않기 위한 노력이었을 것이다.

　주지하듯 소수민족인 만주족이 청나라를 세운 뒤 만주어는 중국 전역에서 세력을 떨치게 된다. 동쪽으로는 연해주, 북쪽으로는 몽골 전역, 남쪽으로는 남중국해 지역, 서쪽으로는 중앙아시아에 이르기까지 방대한 영토에서 만주어가 사용되었던 것이다. 그러나 이후 차츰 한족의 문화에 동화되기 시작하여 점점 한자 쓰기를 좋아하게 되더니 청나라가 멸망하자 그들의 언어도 같은 운명에 놓이게 되었다.

만주어가 완전히 사라진 것은 물론 아니다. 예컨대 중국 역사상 최대의 영토를 확보했던 청 건륭제때 청나라 조정은 위구르 지역의 반란을 막기 위해 동북 지역의 일부 만주족들을 위구르 지역으로 이주시켰다. 그들의 후예 3만여 명이 지금도 이주 당시의 만주어를 사용하고 있다. 또한 만주어의 흔적은 지명으로도 여럿 남아있는데, 예를 들어 하얼빈은 만주어로 어망을 말리는 곳이라는 의미의 어휘다.

2장 고대인들의 언어관

01. 공자와 사마천의 말에 대한 말

언제나 말이 중요하다. 왜냐하면 "말은 곧 심성의 표현이요, 마음의 소리 言爲心聲, 書心畵也."이기 때문이다. 한나라 언어학의 대가이자 일급 문장가인 양웅의 말이다. 양웅은 중국, 아니 세계 최초의 방언 모음집인 『방언』을 저술했고, 또한 『논어』를 모방해서 『법언』을 지었다. 이렇듯 말이 중요하기에 세상에는 그에 대한 수많은 격언과 그 쓰임에 경계가 많다. 예컨대 "말 한마디로 천냥 빚을 갚는다.", "가는 말이 고와야 오는 말이 곱다.", 촌철살인, 언중유골 등 언뜻 생각해봐도 한국·중국의 속담과 성어 등이 막 쏟아져 나온다.

자, 중국 나아가 동아시아 최고의 지성 공자는 말의 중요성에 대해 어떤 말들을 남겼던가. "교언영색에는 인이 드물다 巧言令色 鮮矣仁 「학이편」." 지나치게 꾸민 말과 얼굴은 티가 나게 마련이고, 진정성이 결여된 경우가 많다. 자, 이런 문장도 있다. "덕 있는 이는 그 덕이 반드시 말에 나타지만, 말 잘하는 이가 반드시 덕이 있는 것은 아니다 有德者必有言 有言者不必有德 「헌문편」." 이 말인 즉슨 말은 사람의 됨됨이를 반영하지만, 말 자체가 그 사람을 판단하는 기준은 아니라는 뜻이겠다.

한편 공자는 말과 인간관계의 중요성에 대해서도 언급했다. 가령 "더불어 말을 나눌만한 상대인데도 말하지 않으면 애석하게 사람을 놓치고 만다. 더불어 말을 나눌만한 상대가 아닌데도 말한다면 말에 보람이 없다. 지혜로운 자는 사람을 놓치지 않고 말을 헛되이 하지도 않는다 可與言而不與之言 失人 不可與言而與之言 失言 知者 不失人 亦不失言 「위령공편」."

다음으로 동양 역사학의 아버지, 인간과 세상과 우주를 기록하고자 했던 천재 사마천은 '말'에 대해 어떤 말들을 남겼나. 우주 삼라만상의 이치 및 인간과 하늘의 관계를 그만의 언어로 촘촘하게 엮었던 사마천의 말은 꼭 한번 귀담아 들을 만 할 것이다. 사실 지극히 평범한 말이다.

말이 적절하면 다툼도 해결할 수 있다

談言微中亦可以解紛 「골계열전」

일을 잘하는 이가 꼭 말까지 잘하는 것은 아니고, 말을 잘 하는 자가 꼭 일을 잘 하는 것은 아니다.

能行之者未必能言, 能言之者未必能行 「손자오기열전」

세치 혀가 백만 대군보다 강하다

三寸之舌强于百萬之師 「평원군우경열전」

잘 가다듬은 말이 꽃이라면 지극한 말은 열매다

貌言花也至言實也 「상군열전」

귀에 쓴 말은 약이고 귀에 달콤한 말은 병이다

苦言藥也甘言疾也 「상군열전」

02. 공자, 문자에 통달한 사람

우리는 흔히 쓰는 속담 중에
"공자 앞에서 문자 쓴다."는 것이
있다. 이 말이 괜히 나온 말은 아
닐 것이다. 공자는 그만큼 많이
아는 사람이었고, 그중에서도 문
자와 문헌에 두루 통달한 사람이
었다. 뿐만 아니라 주역에도 정통
했으니 당시로서는 말 그대로 최
고의 지식인이었던 것이다. 세상

공자의 초상화

을 바꾸려 했던 공자의 여러 주장과 의견들은 비록 현실 정치에
서는 제대로 인정받거나 받아들여지지 못했지만, 여러 제후국의
왕들 역시도 공자의 학문적 성취와 높은 경지를 인정하고 그에게
가르침을 청했다. 그리고 만세사표, 즉 스승으로서의 공자의 위
상은 두말하면 잔소리, 모두가 아는 그대로다. 궁금하다. 학자, 스
승, 지식인으로서의 공자는 어떻게 그 높은 경지에 오른 것일까.

1부 고전 중국어라는 광맥

물론 공자 이전에도 중국에는 수많은 귀중한 문헌들, 뛰어난 성현들이 존재했다. 공자는 일찍이 학문에 뜻을 두고 그 흩어져 있는 문헌들을 부지런히 배우고 익혔고, 옛 성현들의 가르침을 흡수하여 이후 2500년 중국인, 나아가 동아시아 전체에 커다란 영향을 미친 사상체계를 완성하였던 것이다. 공자는 말했다. "나는 날 때부터 저절로 안 사람이 아니다. 옛것을 좋아하고 부지런히 찾아 배워 알게 된 사람이다 子曰 我非生而知之者 好古敏以求之者也." 또한 공자는 말한다. "나는 전달할 뿐이지 창조하지 않는다. 나는 옛것을 믿고 좋아한다 述而不作, 信而好古." 언뜻 공자 같은 당대 최고의 지성인이라면 많은 저술을 남겼을 법 한데, 공자는 그렇게 하지 않았다. 이 또한 참 흥미롭고 인상적인 부분이다.

자, 그렇다면 공자가 말한 그 옛것, 또 좋아했다던 옛것은 구체적으로 무엇인가. 공자가 문자에 통달한 이라고 한다면, 분명 그 옛것을 열심히 찾아 익혔기 때문이었을 것이다. 공자가 편찬 혹은 기록하거나 연구하여 이름을 남긴 고대 문헌이라면 흔히 6대 고전을 든다. 이 고전의 내용은 물론 공자 이전에 존재했지만 공자의 노력에 의해 보존되고 더욱 명성을 얻게 되었으며 후세에 전해지게 되었다. 그것은 『서경』, 『시경』, 『역경』, 『예기』, 『춘추』 그리고 『악』이 그것이다. 이 중에서 『악』은 유실되어 전해지지 않는다. 공자는 이 같은 고대의 학문을 정리, 편찬, 기록하면서 새로운 의미를 부여하였고, 그 자신은 문자에 통달한 거인이 된 것이다.

03. 반드시 이름을 바로 해야 한다

공자의 언어관은 정명 사상으로 대표될 수 있다. 정명正名 이름을 바로 한다, 물론 여기서 말하는 이름이란 명칭에 국한되는 것은 아니고 이른바 명분까지를 포괄하는 개념이다. 정명을 이야기할 때 흔히 드는 예로 "군주는 군주다워야 하고 신하는 신하다워야 하며 아비는 아비다워야 하며 아들은 아들다워야 한다君君臣臣父父子子."는 문장이 있다. 이는 명분을 강조한 말이다. 즉 이름과 역할의 일치를 강조하고 있는 것이다. 공자는 춘추전국 혼란의 원인을 명부정名不正, 즉 언어적 질서가 바르지 못함으로 보고 이를 해결하기 위한 방법으로 이 正名을 들고 있는 것이다. 자 또하나의 예를 보자. "고가 고와 같지 않은데 이것도 고인가. 이것도 고인가觚不觚, 觚哉 觚哉." 여기서는 명칭, 즉 사물의 같고 다름을 주로 지적한 말이다.

공자의 이런 말이 결코 특별한 게 아니다. 우리도 다 아는 말이고 흔히 쓰는 말이다. "명실상부"라는 말도 상투적으로 참 많이 쓰는데, 말 그대로 명과 실이 부합, 일치된다는 말이다. 좋은 말이긴 한데, 문제는 실천이다. 명실상부(?) 쉽지 않다. 명부정, 혹은 표리부동한게 우리 세상에 얼마나 많은가.

그러니 제자 자로가 "선생께서 정치를 하신다면 무엇을 먼저 하시겠습니까?待子而爲政 子將奚先", 라고 물었을 때 그 대답이 "반드시 이름을 바로 잡겠다必也正名乎."였던 것이다.

04. 묵자, 치밀한 논리와 섬세한 언어

춘추전국, 공자의 유가와 많은 부분에서 대척점에 섰던 사상이 바로 묵가다. 묵가의 사상을 집대성한 『묵자』는 상당히 논리적인 문장을 구사한 것으로 유명해서 고대 중국의 논리학에서 중요한 위치를 점한다. 자연히 언어에 대한 감각도 섬세하고 예리했다. 자, 언어에 대한 묵가의 생각은 어떠했을까.

묵자 초상화

『묵자』는 언어의 본질적 특징을 정교하게 간파, 지적하였고 낱말의 이론에 대한 본격적인 연구를 시작하였다. 그리고 이는 『묵경』에 잘 나타나 있다. 가령 언어의 본질에 대해 다음과 같이 설명하고 있다. "듣는 것은 귀의 밝음이다 聞, 耳之聰也.", "말은 입의 이로움이다 言, 口之利也." 이게 구체적으로 무슨 말인고 하니, 말이란 곧 자기에게 남을 통하게 하는 수단이란 것이고, 듣는 것이란 자기에게 남을 통하게 하는 수단이란 것이다. 즉 언어를 빌어서 자신의 의사를 전달한다는 것이고, 말을 듣고서 상대방의 뜻을 알게 된다는 말이다. 『묵자』의 이런 표현도 살펴보자. "흰 것을 희다 하고, 검은 것을 검다고 말할 수 있다 皚子白也, 黔子黑也." 그런데 만약 검은 것과 흰 것을 함께 섞어서 그로 하여금 선택하라고

하면 그는 분간할 수 없게 된다. 그러므로 "장님이 흰 것과 검은 것을 모르는 것은 그 명칭이 아니라 실제적인 판별인 것이다 瞽不知白黑子, 非以其名也, 非其取也." 이는 명과 실의 관계에 대한 이야기로, 묵자가 철학의 기본 문제로 제기하고 있는 것이다.

또한 『묵경』에서는 명과 실 사이의 모순현상, 즉 異字一義, 一字異義 현상을 지적하면서 "두 개의 명칭이 중복되어 하나의 실물을 말하는 것을 중동이라고 한다 二名一實, 重同也."고 설명하고 있다.

흔히 묵가하면 비공과 겸애, 반전, 평화를 떠올리고 더 나아가 최초의 좌파조직, 노동운동의 시조, 하층민들의 입장을 대변한 사상임을 먼저 생각하게 되는데, 치밀한 논리 전개와 언어에 대한 섬세한 감각으로 고대 중국의 언어학 방면에서도 상당한 공헌을 한 것이다. 즉 묵자는 고대 언어학에 있어서도 빠뜨릴 수 없는 대가인 것이다.

언어에 대한 묵자의 큰 공헌이라고 한다면 언어의 본질적인 특징을 지적하고 낱말의 이론에 대한 연구를 본격적으로 했다는 점일 것이다. 예를 들어 虛字의 용법을 상세히 밝힌 부분을 예로 들어보자.

"현재로부터 앞으로 발생할 일을 且라고 하고, 현재로부터 뒤에 이미 발생한 일을 已라고 하며 두 일이 동시에 발생하는 것을 역시 且라고 한다. 이는 마치 名과 같은 것이다 自前曰且, 自後曰已, 方然亦且, 若名者也."

05. 시원하고 논쟁적인 매력, 맹자

중년에 이른 지금은 좀 다르지만, 예전엔 『맹자』의 시원시원한 문장을 꽤 좋아했다. 맹자는 확실히 논리적이고 호방하며 뭔가 시원한 맛이 있다. 그것은 『논어』의 담백함과는 다른 맛이고, 『노자』나 『장자』같은 도가 계열의 알쏭달쏭한 느낌과도 확연히 다르다. 개성적인 논리 전개가 사람들을 감탄시킨다. 『맹자』하면 떠오르는 것 중의 하나가 호연기지일 만큼, 맹자를 읽을 땐 뭔가 힘이 생긴다. 맹자, 시원하고 명확하고 치밀하며 세련되다.

주지하듯 맹자는 성선설로도 유명하다. 그런데 맹자는 성선설, 순자는 성악설, 이라는 식의 대비법, 이분법적 접근은 별로 마음에 안 든다. 무슨 시험 대비 암기법 같기만 하다. 역시 깊이 읽어야 한다. 맹자도 순자도. 어쨌든 다시 『맹자』 이야기로 돌아와서, 그렇다고 『맹자』가 모든 면에서 완벽하냐면 그건 또 아닌 거 같다. 어떤 면에서 보면 다소 모순적이기도 하고, 근거 제시와 논리 전개에 좀 무리가 있기도 하다. 하긴 완벽한 것이 어디 있단 말인가. 어쨌든 맹자의 시원함, 그래서 젊은 시절엔 『논어』보다도 맹자가 좋았다는 사람들이 꽤 있는 것 같다. 『맹자』는 『논어』의 인을 이어 받아 성을 극대화시켜 자율적 도덕이 정립되는 것을 추구했다. 논어의 키포인트가 '인'이라면 맹자는 '의'를 들 것이다.

우리는 흔히 공자 맹자를 합해 공맹이란 표현을 쓴다. 가령, '공맹을 배웠다. 한국에는 공맹이 살아있다'라는 식으로. 공자의 이름이 워낙 거대하여 상대적으로 맹자는 좀 묻혀있는 면이 있는데, 꼭 한번 정독해볼 필요가 있다. 그리고 맹자와 그의 사상에 대해 좀 더 알고자 한다면, 그가 살았던 시대에 대해서도 좀 알 필요가 있다. 공자보다 약 200년 뒤의 전국시대, 더욱 혼란하고 치열해진 정황에서 자신의 존재감을 드러내야했기에 더욱 강렬하고 논쟁적인 문장을 내세웠을 것이다. 좋아하는 맹자의 문장 하나를 적어본다.

> 그가 부유함으로 나오면 나는 나의 인으로 맞서고, 그가 작위로 나오면 나는 의로 맞선다. 내가 무엇이 뒤지겠는가
>
> 彼以其富, 我以吾仁, 彼以其爵, 我以吾義, 吾何慊乎哉

06. 더 냉정하게, 현실적이게, 순자

공자, 맹자에 이어 유가의 또 다른 거목 순자의 문장은 상대적으로 좀 더 냉정하고 현실적이다. 이는 그가 살았던 전국시대 말엽의 현실을 반영한 것이다. 순자의 문장은 맹자와 비교해보면 여러 모로 흥미로운데, 맹자가 다소 이상적 성격이 강했다면, 순자는 철저하게 현실적이고 분석적이다. 가령 유명한 성악설도 그러한 배경하에 나온 것이다. 순자의 제자 중 하나였던 한비자는 그것을 한층 더 발전시켜 법가라는 또 다른 사상을 완성했다.

화려한 수사나 논쟁적, 웅변적 성격은 덜하지만, 논리적이고 논설적인 성격이 매우 강해서 고대 중국 논리학에 있어서도 중요한 위치를 차지하는 것이 또 『순자』의 문장이다. 「천문」, 「성악」은 고대 논설문의 모범이 되는 문장이다.

『순자』는 논리 정연한 언어를 선보이면서, 정명에 있어서도 관계의 바탕 위에서 명칭을 정해야 함을 밝히는 등, 언어의 본체에 대해 깊이 연구했다. 그의 언어관은 「정명」 편에 잘 나타나 있다.

위에 대해서는 귀함과 천함을 구분하고, 아래에 대해서는 같음과 다름을 분별한다.

上以明貴賤, 下以辨同異

군자의 말은 평이하면서도 정확하고, 낮으면서도 적당하며 들쭉날쭉하면서도 가지런하다. 사용하는 명칭을 바르게 하고, 사용하는 언사를 적절하게 하여 말의 뜻과 함의를 분명하게 나타내는데 힘쓴다.

君子之言, 涉然而精, 俯然而類, 差差然而齊. 彼正其名, 當其辭, 以務白其志義者也

전자는 공자와 묵자의 언어관을 결합시켜 말하고 있고, 후자는 언어에 대한 정확하면서도 아름다운 활용을 강조하고 있다. 아래와 같은 문장도 있다.

동일한 사물은 그것들로 하여금 동일하게 하고, 다른 사물은 다르게 한다. 단일명칭으로 충분히 나타낼 수 있으면 단일명칭을 사용하고, 단일명칭으로 나타낼 수 없다면 복합명칭을 사용하며, 그 둘이 서로 피할 필요가 없다면 공통명칭을 사용한다.

同則同之, 異則異之. 單足以喩則單, 單不足以喩則兼, 單與兼無所相避則共

07. 언어의 마법사, 장자

　고대의 언어학, 특히 수사학에 대해 빼놓을 수 없는 인물이 있으니 바로 장자다. 다른 제자백가들이 정치적, 사회적 문제들에 대해 치열하고 직접적으로 다룬 것에 비해, 인간의 내면과 정신세계에 대한 근원적 문제를 다룬다는 점에서 장자와 노자의 도가는 도드라진다. 따라서 그들의 언어 사용 역시 좀 다르다. 애매모호하고 알쏭달쏭한 느낌이 비교적 크다.

　『장자』의 문장은 풍부한 상상력과 환상에서 출발한다. 그는 추상적이고 초현실적인 내용들을 자유자재로 다루면서 새로운 영역을 개척했다. 빼어난 비유와 은유, 그리고 우화 등을 사용하여 자신의 생각과 주장을 설득력 있게 전달한다. 또한 함축적이고도 심미적인 면 또한 두드러진다. 스케일은 좀 크던가. 그 유명한 장자의 나비 등 갖가지 동물들을 활용한 이야기 전개는 신선하고 재밌다. 이처럼 장자의 문장은 소설적 성격이 강하고, 실제로도 이후 고대 소설의 발달에 많은 영향을 주었다.

　북쪽 바다에 물고기가 있으니 그 이름이 곤이다. 그 곤은 크기가 몇 천리나 되는지 알 수 없을 정도다. 그 곤이 새로 변하면 이름이 붕이라고 하는데… 붕이 남쪽 바다로 옮겨갈 때 물결치는 것이 삼천리요, 회오리 바람을 타고 구만리를 날아 올라가…

　北冥有魚, 其名爲鯤. 鯤之大, 不知其幾千里也 化而爲鳥, 其名爲鵬… 鵬之徙於南冥也, 水擊三千里, 搏扶搖而上者九萬里…

08. 세치 혀로 먹고 산 논객들

어느 시대에나 논객은 존재했고 각자 분명한 역할이 있었다. 때는 춘추전국, 혼란의 각축장, 당시 말로 천하를 주름잡던 달변가들이 즐비했다. 변사 혹은 유세객으로 불리던 이들의 무기는 바로 세치 혀였다. 그들은 뛰어난 화술과 논리정연한 논변으로 상대를 설득하고 때로 제압했다. 상대의 심리를 꿰뚫기 위해 다양한 훈련을 거쳤다. 흔히 유세술이라 불리는 그들의 공부에는 오늘날 심리학에 해당하는 것도 당연히 포함되었다.

춘추전국의 대표적인 변사로 소진蘇秦과 장의張儀를 먼저 꼽을 수 있다. 그들은 바로 합종연횡이라는 성어를 만든 장본인들이다. 그들은 당대의 정세를 빠르고 정확하게 읽어냈고 대세를 따라 대응책을 만들어내어 이름을 떨쳤다. 잘 알려져 있듯 소진은 강대국 진나라에 대항하기 위해 6국이 종으로 연합하는 합종책을 주장했고, 장의는 육국이 횡으로 각각 진나라와 동맹을 맺는 연횡책을 주장했다. 흥미로운 점은 그 둘 모두 당대 유세술의 대가 귀곡선생의 밑에서 동문수학했다는 사실이다.

특이한 변사로는 전국시대 공손열公孫閱을 꼽을 수 있다. 그의 화술은 궤변과 논설의 경계를 묘하게 넘나드는 것으로 유명했다.

『論衡』의 저자 왕충은 논변에 심변과 구변이 있다고 말했다. 구변은 즉 말로만 이기는 것을 말함이고, 근거에 맞고 합리적이어서 상대가 기쁘게 따르도록 하는 것을 심변이라는 것이다. 즉 진정한 설득의 기술은 마음까지 설복시키는 것임을 밝히고 있다. 이 정도 경지는 아무나 쉽게 이룰 수 없는 것이다.

이들의 논변은 정확한 언어와 논리로 상대를 설득시켰다. 그를 위해서는 상대의 심리를 정확히 파악하는 것이 중요했고, 풍부한 지식을 갖추어 사물의 이치를 파악해야 했을 것이다.

여기서 자연스레 드는 생각은 우리 시대에 인정할 만한 유능한 논객은 과연 있는가 하는 질문이다. 껍데기뿐인 공허한 말들만 난무하고, 상대에게 상처 주는 독하고 센 말들이 횡행하고, 니편 내편 갈라서 나만 옳다 우기는 싸구려 논리만이 둥둥 떠다니는 이 시대, 진정한 논객은 과연 누구인가.

09. 중국어를 한층 발전시킨 시대사상들, 춘추전국 백가쟁명

중국어의 역사와 변화를 전문적으로 연구하는 학문으로 중국어사漢語史라는 분야가 있다. 언어라는 것은 살아있는 생명처럼 계속 변한다. 수천 년의 역사를 가지고 있는 중국어도 긴 시간의 흐름에 따라 끊임없이 변화했다. 어휘, 문법, 발음 등을 중심으로 그 시간의 변화를 따라가는 작업은 지난하면서도 무척 흥미로운 일이기도 하다. 수많은 고대의 문헌을 뒤지면서 중국어의 변화를 연구하는 것은 마치 고고학자가 고대의 유물을 찾는 것처럼 흥미롭고 짜릿한 맛이 분명히 있다.

중국어의 역사에서 춘추 전국 시대는 매우 중요한 위치를 점한다. 어떤 점에서 그러할까. 그 배경을 살짝 한번 살펴보자. 주지하듯 춘추전국은 정치적으로 몹시 혼란스러운 난세였다. 자고 일어나면 나라가 바뀔 만큼 수많은 전쟁의 시대였다. 그리하여 흔히 춘추전국을 생각하면 즉각적으로 약육강식, 군웅할거, 각축전의 시대라는 이미지가 떠오른다. 자, 이 난세중의 난세를 헤쳐 나가기 위해 수많은 고민과 사유가 피어났다. 이른바 백가쟁명이라고 불리는 제자백가들의 사상들이 빅뱅처럼 터져 나왔다. 전쟁이 다반사였던 혼란한 세상은 아이러니하게도 전무후무한 사상적 자유와 발전을 가져왔다.

제자백가들의 다양한 사상, 주장들은 결국 문장으로 표현되어 전해졌다. 각자의 치열한 논리를 전개시키기 위해서는 정확한 어휘와 문법, 남을 설득하기 위한 유려한 문장이 필요했을 터이다. 공자의 유가, 유가와 치열하게 각을 세웠던 묵가, 선문답 같이 오묘한 언어를 구사한 도가, 강력한 법을 강조한 법가, 그리고 각국을 돌며 전문적인 유세를 했던 종횡가, 잡가, 농가 등등. 그런 제자백가들의 언어와 사유, 고민을 통해 품사면 품사, 어순이면 어순 등의 문법적 부분들이 정형화, 재정비 되고, 지역마다 제각각이었을 글자의 자체, 그리고 어휘 등도 큰 폭으로 정리되면서 중국어문장은 한 단계 더 발전되어 간 것이다.

10. 주자의 언어관

송대에 이르러 신유학이 완성된다. 주자학, 성리학으로도 불리는 이 신유학을 완성한 이는 송대를 대표하는 문인이자 사상가인 주희 朱熹 다. 주자학은 자연과 사회의 발생, 운동을 理와 氣의 개념으로 설명한다. 이기론에 바탕을 둔 주자학은 현실 사회에서 유교적 윤리 도덕과 명분론적 질서의 보편성을 강조하며, 인간은 이 명분적 질서 속에서 각자에게 합

주희의 『사서집주』

당한 일을 해야 한다고 주장하고 있다. 요컨대 주자학, 성리학이라고 하는 것은 이렇듯 명분론적 질서를 합리화하고 강조하는 사상체계였다.

그렇다면 주희의 언어관은 구체적으로 어떠했을까. 주희의 경우 언어란 진리를 재현하는 수단이라는 인식을 가졌다. 즉 당을 거쳐 송에 이르러 성리학의 성립이라는 사상적 전환이 이루어지면서 언어 사용의 규범에 대해서도 이론적 갈등과 대립이 존재했던 것이다. 가령 한유나 유종원 등의 당대의 문장 대가들이 언어를 두고 인간의 감성을 표현하는 기능에 좀 더 주목했다면, 주돈이를 거쳐 주희 등의 성리학자에 이르면 언어의 주된 기능은 진리 표현의 수단이라는 인식으로 전환된 것이다.

여담으로 한 가지 더 말하자면, 필자가 상하이로 유학을 가서 지도교수님을 처음 뵈러 갔을 때, 교수님은 대학자 퇴계 이황의 나라에서 유학을 왔다며 반겨주셨다. 이처럼 성리학을 받아들여 한국식으로 크게 발전시키는데 큰 공을 세운 이황 등은 중국에서도 널리 알려져 있다.

3장 고전 중국어의 거작들

01. 『시경』, 사랑의 말, 말들의 잔치

『시경』 옛 판본

중국 시가 詩歌 의 출발이자 유가의 주요 경전으로도 여겨지는 『詩經』은 또한 공자가 집록한 것으로도 유명하다. 그런데 이 시경이 어떤 책인고 하니, 춘추전국 시대 각국의 노래말을 모은 책이다. 고대 중국의 노래? 그걸 또 공자가 편찬했다고? 어라, 잘 납득이 가지 않는다. 그 옛날, 삼천년 전의 노래라니, 또 그것을 세계 4대 성인 중 한 명인 공자가 열심히 모아서 편찬을 했다니….

『시경』에는 총 305편의 시가가 실려 있다. 風, 雅, 頌으로 대별되는데, 그 중 풍이 가장 많은 160편을 차지한다. 풍은 대중들의 희노애락을 직접적이고 생생하게 담아낸 소위 당대의 대중가요였다. 특히나 남녀의 사랑과 이별을 과감하고 직접적으로 담아내고 있다는 점이 무척 인상적이다. 한마디로 그 속에는 사랑의 언어가 넘쳐난다. 생생한 당대의 구어 그리고 솔직하고 대담한 감정표현, 이처럼 우리는 『시경』을 통해 고대 중국인들의 생각과 감정을 생생하게 접할 수 있는 것이다. 우리의 예상을 훌쩍 뛰어넘는 언어들이 그 안에 가득가득 담겨있다. 말 그대로 사랑의 말들이 넘치는, 말들의 잔치, 향연인 것이다.

> 건달 같은 남자 능글거리며 천을 안고 와 생사와 바꾸자고 하네.
> 사실은 생사를 바꾸자는 게 아니라 나에게 뜻이 있던 거겠지.
>
> 氓之蚩蚩, 抱布貿絲. 匪來貿絲, 來卽我謀

위풍 중 「氓」이라는 시가의 한 구절이다. 즉 위나라에서 유행하던 시가인데, 여자는 사내에게 마음을 주지만 결국 고생 끝에 버림받고 그 한을 토로하는 내용을 담고 있다.

공자와 음악은 언뜻 매치가 안 될 거 같지만, 사실 공자는 음악을 중시하고 스스로도 무척 즐긴 사람이다. 그래서 제자들에게도 항상 예와 더불어 음악을 강조했다. 이웃 나라인 제나라에서 소라는 음악을 듣고 석 달간 고기 맛을 잊었을 정도로 그 음악에 푹 빠졌다는 일화도 있다. 말하자면 공자는 예술교육의 중요성을 강조하고 있는 셈이다. 시와 음악을 통해 흥을 일으키고 세상과 사물을 바로 볼 수 있다고 설명하고 있다.

한편 예나 지금이나 대중가요엔 민심이 담겨있다. 주나라 시절엔 지역 제후들이 정치를 잘하고 있는지 알아보기 위해 그 지역 노래를 수집하는 관리를 따로 두기도 했다. 현재 한국에서는 2년 넘게 트로트가 대유행하고 있다. 이 시점 왜 유독 트로트 일까? 코로나에 경제위기에 서로 불신하고 미워하고, 이래저래 힘들고 지친 세상, 트로트의 그 한 많고 구슬픈 가락이 우리의 마음을 대변해주고 있어서일까.

02. 『논어』, 언어의 숲, 말들의 향연

『논어』 옛 판본

예전부터 드는 궁금증이 있다. 제자백가서는 모두 사람의 이름을 붙이는 게 일반적이다. 『맹자』, 『순자』, 『노자』, 『장자』, 『묵자』, 『한비자』 등등. 그런데 『논어』는 왜 『공자』가 아니라 『논어』

일까. 사실 그 영향력으로 보자면 공자가 첫 손가락일 텐데 말이다. 음, 그 이유를 정확히는 알 수 없지만, 아마도 여기엔 분명 무언가 이유가 있을 것 같다. 그리고 이런 질문도 던질 수 있다. '논어'의 '어'는 일반적으로 '말하다', 또는 '말'이라는 의미인데, 그렇다면 왜 굳이 論言이 아니고 論語일까?

자, 나름의 답을 추적해 보자. 우선 '言'이 아닌 '語'를 썼다는 것에 주목할 필요가 있다. 지금으로부터 2000년 전 이상으로 거슬러 올라가는 상고중국어에서 語의 본뜻은 말을 하되 '혼자 말하는 것'이 아니라 '누군가와 대화를 주고받다.'라는 의미를 가지고 있다. 즉 여기서의 '語'는 상대방과 주고받는 대화, 혹은 상대에게 어떤 사실을 알려주는 것을 일컫는다고 보여진다. 아하, 그렇다면 좀 알 것도 같다. 『논어』는 생생한 대화체로 이루어져 있다. 불경, 성경 등 고대의 경전을 보면 공통적으로 이 대화체의 방식을 사용하고 있다. 이는 고대인들이 스승과 주고받는 대화를 통해 깨달음을 구했기 때문이다. 그렇다면 이제 정리해보자. '논어'라는 제목의 의미는 그러니까 '논하고 대화한다', '토론하고 대화한다'는 뜻일 것 같다. 뭐에 대해? 인간에 대해, 세상에 대해, 학문에 대해, 인에 대해, 예에 대해, 효에 대해….

그런 의미에서 보면 『논어』는 열려있는 텍스트다. 공자의 일방적인 가르침이 아니고, 제자들과의 대화, 혹은 다른 이들과의 주고받은 대화를 기록한 말들의 기록이다. 그래서 비유컨대 『논어』는 언어의 숲이요, 말들의 향연인 것이다.

『주역』 왕필본

　『주역』은 『역경』으로도 불리는 유가의 주요 경전 중 하나다. 서술이 자유롭고 다양하며 긴 설명문의 형태를 띠고 있다. 주역은 말 그대로 주나라의 易이라는 의미인데, 여기서 역이란 대체로 세상만물과 우리 인간사의 변화와 그 원리에 대해 서술하고 있다는 의미로 풀이된다. 저자에 대해 여러 의견들이 있지만, 오랜 세월 여러 사람들의 손을 거쳐 오늘날의 형태에 이르렀을 것이다. 주역은 공자와도 깊은 연관이 있는 책이다. 책의 일부를 공자가 지었다는 설도 있고, 공자가 이 책을 무척 좋아하고 중시했다는 건 잘 알려져 있다. 위편삼절이란 잘 알려진 성어에서 공자가 가죽끈이 세 번 끊어지도록 열심히 읽은 책이 바로 이 주역이다.

　주지하듯 주역은 점복서다. 대략 그 내용을 간추리면 이렇다.

팔괘가 결합하여 이루어진 64개의 괘卦에 대해 각 괘의 길흉을 서술한 것이 괘사, 그리고 여섯 개의 효爻에 대해 서술한 효사가 중심이다. 이 괘사와 효사는 소위 점괘에 대한 짧은 설명이며, 표현이 상징적, 비유적이라 의미가 모호하고 여러 해석을 야기한다. 또한 괘사와 효사에 대한 보충 또는 해설이라고 할 십익에 대해서도 좀 알아야 하는데, 괘사나 효사보다 후대에 완성된 글이어서 상대적으로 의미 파악이 잘 되고 유가에 많은 영향을 준 중요한 대목이다.

살펴본 대로 주역은 유가의 중요 경전이지만, 그보다는 점복서로 우리 일상에 파고 들었다. 그런 면에서 유가의 다른 어떤 경전보다도 친숙하다. 이 첨단의 과학시대에도 점을 보러 가는 사람들은 더 늘어난다. 과학과 기술이 아무리 발달한다고 해도 이 복잡다단한 인간 세상은 사람들을 더욱 불안하게 만드니, 우주 삼라만상의 이치를 꿰뚫는다는 주역에 사람들은 더욱 기대는 것일까.

직접 주역을 공부하는 이들도 주위에 적지 않다. 젊은 날엔 그저 애매모호한 점복서로만 치부하다가 이런저런 인생사를 겪고 나이가 든 후 주역을 제대로 좀 공부해보고 싶다고 나서는 것이다. 내 주위에도 그런 사람들이 여럿이다. 어쨌든 지금으로부터 3000년 전에 이런 책이 만들어지고 역대로 중시되며 읽혀왔다는 점은 놀라울 따름이다. 주역은 또한 기호와 그림으로 설명되는 부분이 많다는 점도 도드라지는 특징일 것이다. 답답하다고 점집을 찾는 것보다 직접 주역을 한번 정독해보면 어떨까. 물론 쉽진 않을 것이다. 난해한 책이기 때문이다.

04. 언어로 세상을 담아내다, 『사기』의 출현

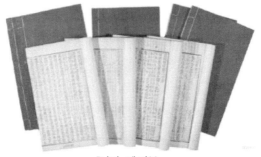

『사기』 옛 판본

필자는 『史記』의 언어를 대상으로 박사학위를 했다. 졸업 이후로도 『사기』를 텍스트 삼아 여러 편의 학술 논문을 썼다. 워낙 방대한 양이기 때문에 읽어도 읽어도 끝이 없고, 그에 대해 쓸 것도 무궁무진하다. 언어, 역사, 문학, 철학 등 다방면으로 봐야 할 것이다.

많은 이들이 『사기』가 위대한 역사서니 꼭 읽으라고 권하지만, 그게 그리 쉬운 일이나 즐겁기만 한 일도 아니다. 그래도 읽다 보면 점점 재미가 생길 수도 있다. 특히 몇 가지 주제를 정해 그를 따라 읽어나가면 더욱 흥미롭게 『사기』를 읽을 수 있다. 예컨대 초한지의 인물들을 중심으로 읽는다든지, 공자와 유가를 중심으로 따라간다든지, 또는 주변국의 역사를 어떻게 기술하고 있는지를 중점적으로 볼 수도 있을 것이다. 자기에게 궁형을 내린 당대의 황제 한무제를 어떻게 그리고 있나를 살펴보는 것도 흥미로운 접근이다.

『사기』의 빼어남은 저자 사마천의 언어 구사 능력이 탁월하다는 데에 있다. 즉 문장력이 좋다는 말이다. 이문열이나 김훈 같은 일급 작가들의 문장이 사람들을 빨아들이는 것처럼, 『사기』에는 사마천의 개성과 글맛이 생생하게 살아있는 것이다. 그만의 언어로 무장하여 세상과 인간사에 대해 기록하고 있다. 하늘과 인간의 관계, 역사란 과연 무엇인가에 대한 탐구, 우정, 복수, 사랑, 각오, 후회 등 인간의 감정에 대한 사마천의 묘사와 설명은 흥미진진하다. 『사기』는 정확한 팩트를 기록한 뒤, 때때로 다양한 에피소드를 삽입하고, 유머를 섞고, 강렬한 묘사, 반복 등의 수법을 활용해 자신의 의견을 개진해 나간다.

05. 『史記』 언어의 특징

동양 역사서의 전범, 위대한 역사서, 역사뿐 아니라 문학, 사상에 거대한 영향을 끼친 불멸의 작품인 『사기』의 뛰어남은 일차적으로 빼어난 언어 운용에 있다. 사마천은 어떤 전략을 가지고 『사기』를 기획하고 써간 것일까. 『사기』를 대상으로 학위 논문을 쓴 나는 항상 그런 질문을 가지고 있었다. 사마천, 당신은 도대체 어떤 사람입니까.

『사기』는 역사서임에도 불구하고 생생한 대화체, 구어체를 보편적으로 사용하고 있다는 점이 한 특징이다. 그런 점에서 당시의 언어를 연구하는 데에도 중요한 자료가 된다. 많은 이들이 칭송하는 대로 『사기』가 위대한 역사서라고 한다면, 그 내용이 뛰어나기 때문인데, 그것은 일차적이고 또 필연적으로 사마천의 필력이 뛰어남을 의미한다.

『사기』의 문장은 다양한 방식으로 채워졌다. 우선『좌전』, 『상서』, 『춘추』 등 전대의 역사서뿐 아니라 비문, 책문, 상소문, 조서 등을 그대로 인용하거나 전재한 경우도 많다. 물론 그것을 단순 인용하는데 그치지 않는다. 사마천은 자신의 의지와 개성에 따라 글자를 쉽게 바꾸거나 문장을 적절히 개변하였다. 거기에 사마천의 개성이 진하게 들어간다. 또한 사마천은 때로 유머를 섞기도 하고 반복의 수법을 즐겨 사용하였다. 이를 통해 문장을 더욱 생동감 있고 흥미롭게 만들고 있다.

06. 가장 오래된 자전, 『爾雅』

어쨌든 한자는 어렵다. 모르는 한자가 여전히 부지기수인데 모르는 한자가 나오면 그 뜻을 알기 위해 우리는 자전을 뒤진다. 옥편이란 이름이 우리에겐 익숙한데, 옥편 역시 자전의 한 종류다. 그렇다면 가장 오래된 자전은 무엇일까. 한나라 때 만들어졌다는『急就篇』이니『蒼頡篇』이니 하는 아동용 한자 교본이 약간 남아있지만, 본격적인 자전으로 치자면 역시『爾雅』를 이야기해야 한다.

『爾雅』가 만들어진 시기에 대해서는 학자마다 다양한 의견이 있지만, 대체적으로 전국시대말에서 한 대 초 정도로 본다. 또한 체재가 일률적이지 않고 중복되는 글자 등이 수록된 것 등으로 미루어보면 어느 한 명이 지은 것이 아니라 장기간에 걸쳐 여러 사람의 손을 거쳤을 것으로 추측된다. 『爾雅』에 큰 영향을 받아 『釋名』이라는 훈고서를 쓴 유희에 따르면, 『爾雅』라는 이름에서 爾는 가깝다는 것이고 雅는 바르다는 의미로 보아, 말의 뜻을 이해할 때 가깝고 바른 것을 기준으로 해야 함을 이르는 것이라 풀이했다.

『爾雅』는 일종의 낱말 풀이집 또는 백과사전으로, 낱말을 내용별 주제별로 분류하여 그 뜻을 풀이하는 형식으로 되어 있다. 경전을 공부하기 위한 사전적 성격의 책이며, 그 역시도 13경 중 하나에 속해있다. 『爾雅』처럼 뜻풀이 위주의 자전류를 흔히 훈고서라고 한다. 자전의 효시라 할 『爾雅』 역시 역대로 수많은 주석이 더해졌다.

07. 유희의 『釋名』

앞서 한나라 때 많은 분야에서 천재들이 경쟁적으로 출현했다고 말한 바 있는데, 한나라 훈고학 방면에서 빠뜨릴 수 없는 또 한 명의 학자가 바로 유희劉熙다. 그는 한나라 말기의 사람으로 『釋名』이라는 유명한 훈고서를 썼다. 『석명』이라는 제목은 이름, 명칭을 해석한다는 의미를 지니고 있다. 『이아』의 체재를 모방하여 만들어졌는데, 1,500여개의 사물을 27개의 부문으로 분류하여 그 뜻을 풀이한 백과사전식 자전이다.

『爾雅』가 주로 고대의 경전을 해석하는 것에 중점을 두었던 것에 비해 『석명』은 당대인 한나라의 제도와 문화, 풍습 등과 관련된 명칭을 주로 뜻풀이했다. 따라서 한나라의 사회와 문화를 이해하는 데에 많은 도움을 주고 있다. 가령 지금은 존재하지 않는 기물이나 가구들에 대한 기록도 많다.

　『석명』은 또한 음이 비슷한 어휘는 뜻도 관련이 있다는 식의 관점을 취하면서 글자의 어원을 해설하고자 했다. 억지스럽다는 견해도 있지만 자원字源 연구에 대한 시도는 긍정적으로 평가되고 있다. 『석명』 역시 많은 주석이 가해졌는데, 그중에서 청나라 왕선겸이 쓴 『釋名疏證補』 등이 유명하다.

4장 고전 중국어의 특수한 어휘, 문법

01. 시호 이야기

시호 諡號란 죽은 뒤 황제나 임금 등 군주가 신하에게 내리는 호칭으로, 동양의 특수한 한 전통이다. 그러니까 시호란 곧 죽은 뒤의 이름이다. 죽은 뒤의 호칭을 따로 지어 부른다는 것이 특이하고 흥미롭다. 따로 이름을 지어 망자를 기리고 추모 혹은 추억했다는 점이 한편으론 꽤 낭만적으로 느껴지기도 한다.

자, 예를 들어 유방을 도와 한나라를 개국하는데 커다란 공을 세운 소하의 시호는 문종후 文宗候, 장량의 시호는 문성 文成이다. 시호의 기원은 대개 중국 주나라로 본다. 자, 그렇다면 어떤 근거와 방식으로 시호를 만드는가. 물론 그냥 막 짓는 게 아니다. 시호에 대해 좀 더 알아보려면 먼저 시호의 정의를 살펴볼 필요가 있다. 諡란 삶의 흔적, 행동, 號는 겉으로 드러나는 공적을 말한다. 주나라의 역사를 기록한 『시법해』에 따르면, 큰 행동을 하면 큰 이름을 받고 작게 행동하면 작은 이름을 받는다, 라며 시호를 짓는 기본 원칙에 대해 말하고 있다. 어찌 보면 당연한 이야기지만, 크고 작은 행동이 무엇인지 구체적으로 설명하고 있진 않다.

일반적으로 시호는 긍정적 의미의 글자가 사용된다. 앞서 문종 후나 문성에서도 볼 수 있듯이 '文'자가 아주 많이 쓰인다. 여기서 문은 단순히 글을 잘 썼다는 의미가 아니라 다의적이다. 가령 정치를 잘했다, 학문을 좋아했다, 도덕적이었다 등 다양한 의미를 내포 할 수 있다. 簡도 많이 쓰인다. 역시 긍정적 의미로 덕이 있고 나태하지 않음, 결점이 없음 등의 의미를 지닌다. 武도 역시 흔한데, 무공이 뛰어나다는 기본 의미 외에도 뜻이 컸다 등을 의미했다. 하지만 모든 시호가 긍정적인 것만은 아니었다. 때로는 중립적 혹은 부정적 의미를 지닌 시호도 물론 있었다.

02. 무조건 짝을 찾아라, 대련

대련

중국인들은 짝수를 좋아한다. 4대 요리, 8대 명주, 이런 식으로 간다. 뭐든 그렇다. 일단 짝을 맞춰야 한다. 그러한 짝을 맞추는 것에 대한 중국인들의 강박적⑦ 관념이 언어에 드러난 독특한 언어예술이 있으니 바로 대련 對聯 이다. 대련이란 간단히 말해 대구를 이루는 문장을 지칭한다.

대한이 지났으니 사실상 올겨울도 다 지났다. 아직 한파가 어쩌니 해도 다음 절기가 입춘이다. 입춘이 되면 우리도 하는 풍습이 여러 가지가 있는데, 그중 하나가 대문에 '立春大吉, 建陽多慶'이라는 대련을 붙이는 일이다. 이처럼 대련은 중국만의 문화가 아니다. 우리도 대련을 사용한다. 차이라면 중국인들은 언제 어느 때고 이 대련을 너무나 사랑한다는 점이랄까. 대문에도 붙이지만 방안, 마루 그리고 유명한 명승고지에는 어김없이 이 대련이 새겨져 있거나 붙어있다. 우리나라에선 화교가 운영하는 중국집에 가보면 이 대련을 잘 볼 수 있을 것이다.

대련을 잘 쓰는 건 물론 어려운 일이다. 뜻도 고려하고 운율도 고려해야 하고 그리고 높은 문학적, 철학적 운미를 살려내야 하기 때문이다. 필자의 박사학위 지도교수님이 중국의 여러 대련을 소개한 『대련예술』이란 책을 쓰셨는데, 한국인 제자인 내가 번역에 나섰다. 책에서 소개된 숱한 대련을 우리말로 옮기는 일은 한마디로 지독히 어려운 과정이었다. 도저히 의미를 몰라 방학을 이용해 상하이로 들어가 몇몇 문장의 의미를 묻던 기억이 난다. 결국에 그 번역서를 출판했다. 벌써 15년 전 이야기다.

짝을 이루고 쌍을 이루는 대련, 어렵지만 재밌기도 한 이 독특한 언어예술에 대해 한번쯤 눈여겨 볼만하다.

03. 어쩔 것인가, 성어

한동안 成語에 대한 논문을 쓰느라 애를 먹은 적이 있다. 성어에 담긴 중국인의 문화적 원형을 찾겠노라고 했지만, 써가다 보니 그저 그런 분석에 그치고 마는 듯해서 영 성에 차지 않는다. 다시 한번 느끼는 거지만, 괜찮은 논문 한편 쓰는 게 결코 쉬운 일이 아니다.

그건 그렇고, 중국어를 배우고 사용하다 보면 중국어 참 어렵다고 느끼게 되는 경우가 많은데 성어가 바로 그렇다. 중국인들은 어렵지 않게 성어를 툭툭 쓰는데, 그게 성어인지 잘 캐치하는 것 그리고 그게 어떤 의미를 나타내는지를 재빠르게 이해하는건 결코 쉽지 않은 일이다. 우리에게 익숙한 성어도 중국어로 들으면 영 낯선 발음으로 들린다. 그럼 어떻게 해야 하나. 딱히 방법이 없다. 자꾸 들어보고 말해보고 써보는 수밖에.

예전 중국 유학 시절, 종합시험에 그런 문제가 나온 적이 있다. 馬가 들어간 성어를 10개 적으시오. 죽마고우, 천고마비, 주마간산, 새옹지마 등 열심히 써갔지만 막상 10개를 채우는 건 쉽지 않았다. 더구나 수많은 문제 중 하나였으니, 그것만 붙들고 있을 순 없었다. 어쨌든 기억에 남는 시험문제였고, 다시 한번 한자의 묘미를 느끼게 된 사건이었다.

익숙한 성어라도 중국과 한국이 다르게 쓰는 경우도 있다. 예컨대 우리는 주마간산 走馬看山 이라고 쓰지만 중국에선 주마간화 走馬看花 로 사용한다든지, 십중팔구 十中八九 를 십중유구 十中有九 로 쓴다. 또 글자의 배열이 다른 경우도 있다. 우리는 분골쇄신 粉骨碎

身이라 하지만 중국에선 분신쇄골 粉身碎骨 , 현모양처 賢母良妻 를 중국에선 현처양모 賢妻良母 라고 쓴다.

04. 그들만의 코드, 典故

중국은 사전이 참 발달한 나라다. 이 또한 문자와 관련이 있는 것 같은데, 한자 자체가 어렵기 때문에 그것을 보조적으로 설명하는 온갖 사전이 나오는 것 같다. 과거 고대 중국에서는 글자를 아는 것 자체가 하나의 권력이었다. 물론 평민이라고 다 까막눈은 아니었을 것이다. 노력해서 문자를 깨우칠 수 있다. 하지만 산 넘어 산이다. 온갖 화려한 미사여구, 성어 등이 이어지고, 작문에 있어서 운을 맞추고 대를 맞추는 등 또 다른 차원의 난코스가 이어진다. 典故도 그중 하나다. 그러니 글자를 자유자재로 다루는 것은 비유컨대 그들만의 리그였던 것이다.

중국 유학시절의 이야기 한 토막, 당시 우리들에겐 서점 순례가 즐겁고도 중요한 일과였는데, 학교 주변에 서점이 워낙 많았으니 어떤 서점에 전공 관련 좋은 책이 들어오면 서로 정보를 나누어 같이 가서 사 모으고, 없으면 주문을 넣곤 했다. 원하던 책을 손에 넣으면 마치 보물을 얻은 듯 기쁘고 든든하던 그 시절, 공부를 한다며 책을 탐하던 그 시절, 돌아보면 한편으론 꽤 낭만적인 시절이었다. 그때 동료와 함께 구입했던 책 중 하나가 바로 전고를 모아놓은 『전고사전』이었다.

전고란 사전적 정의로 전례와 고사를 아울러 이르는 말을 지칭한다. 과거 글자 꽤나 알던 식자들은 시나 문장을 쓸 때 이 전고를 자주 인용했을 터이다. 전고를 적절하게 잘 쓰면 문장이 더 맛깔나고 멋지겠지만, 너무 남용하거나 잘못 쓰면 또 고루한 글로 빠질 수도 있을 것이다. 여튼 전고를 인용해 쓰고 또 그걸 독해할 줄 알고 이해한다는 것은, 즉 글 꽤나 한다는 이들의 전유물이었을 것이다. 일종의 지적 과시나 유희의 하나로도 활용되었을 것이다. 그러니 글자도 익히기 어려운 사람들에게 전고란 비유컨대 그들만의 암호나 코드, 즉 그들만의 리그처럼 낯설고 생소한 것이었을 것이다.

05. 솜 같은 단어, 연면자

한자는 표의성이 강하고, 각각이 형태소로 기능한다. 하지만 언제나 예외란 것이 있으니 이 連綿字가 그러하다. 솜처럼 연결된 글자, 라는 의미를 지닌 연면자는 중국어는 단음절어라는 기본 규칙에서 벗어나는 지극히 예외적인 케이스다.

연면자 혹은 연면사라는 것은 각 음절이 지닌 의미의 조합이 아니라, 솜처럼 이어져 있어, 반드시 붙어있어야만 하나의 의미를 갖는, 다시 말해 떨어지면 아무 의미도 없어지는 특수한 어휘를 말하는 것이다. 그러니까 중국어의 특징에서 벗어나는 예외가 되는 것이다.

고전 중국어에서 이 연면자는 예를 들어 이런 것이다. 중국 시가의 출발이라는 『시경』 속 문장을 예로 들어보자. 관저편 첫구절 關關은 물수리의 울음소리를 가리킨다. 그 외에 요조숙녀의 窈窕, 들쑥날쑥하다는 의미를 지닌 參差 등과 같은 어휘가 그러하다. 흥미로운 것이 연면자는 두 글자의 발음이 뭔가 연관되어 있는 경우가 대부분이다. 疊字 관계라던가 성모가 같거나 비슷한 쌍성, 운모가 같거나 비슷한 첩운의 관계인 경우이다. 그밖에도 발음상 관련이 없는 연면자도 있는데 胡蝶, 玻璃, 葡萄 등과 같은 외래어가 그것이다.

06. 피해야 산다, 피휘

피휘避諱라는 것이 있다. 어떤 특정 글자를 피하는 것을 말하는 것인데, 이게 꽤 오랜 역사를 가지고 있다. 무려 주나라 때부터 이런 습관이 있었다고 하니 말 그대로 수천 년 동안 이어진 전통이다.

간단히 말하자면 피휘란 황제나 왕, 선조, 웃어른 등의 이름 글자를 피해 쓰는 것이다. 초기엔 별로 성행되지 않았지만 송대에 이르면 황제의 이름과 관련해서 50여 글자까지 피휘해야 하는 경우도 있었다 하니 아득할 뿐이다. 게다가 이 규칙을 어길 경우 큰 벌을 받는 경우도 있었으니 결코 간단한 문제가 아니었던 것이다.

피휘는 크게 3가지 종류로 나뉜다. 전통적인 예법이나 규정이나 혹은 선조들에 대한 존경의 표시로 그와 관련된 글자를 피하는 경휘, 둘째 미신적인 심리로 특정 글자를 쓰지 않는 기휘, 셋째 어떤 사람이나 사물, 사건 등에 대해 미워하는 마음으로 그와 관련된 글자를 쓰지 않는 증휘가 있다. 또는 다음처럼 분류하기도 한다. 군주의 이름을 피하는 국휘, 잡안 조상의 이름을 피하는 가휘, 성인의 이름을 피하는 성인휘, 원수지간의 사람의 이름을 피하는 원휘로 나누기도 한다.

오늘날에도 피휘의 전통은 이어진다. 가령 엘리베이터에서 숫자 4를 쓰지 않는다던가, 같은 발음이 연상되어 특정 물건을 선물하지 않는 풍습 등이 현대의 일상에 존재하는 피휘에 해당하는 것이다.

07. 양사 이야기

중국어에는 양사 量詞 라는 품사가 있다. 수사와 더해 수량사로도 불린다. 중국인의 셈법, 나아가 상술은 세계적으로 잘 알려져 있다. 중국인들이 쓰는 언어가 양사가 발달한 언어라는 점도 그런 맥락에서 한번 생각해봄 직하다. 양사가 하나의 독립된 품사일만큼, 중국인의 수량 관념은 고대부터 디테일했나 보다. 특히 사물 하나하나를 세는 개체, 단위 관념이 무척 발달했다. 중국어만 그런 건 물론 아니다. 우리 한국어나 일본어도 양사가 발달한 언어이다. 하지만 우리 한국어의 경우에는 따로 독립된 품사로 두지 않고 명사에 속해 단위명사로 분류될 뿐이다. 어쨌든 우리말의 70프로 이상이 한자어로 구성되어 있으니 중국의 양사를 그대로 쓰는 경우가 많다. 물론 우리 고유어 계통의 양사도 많다.

자, 한국어에서는 동물을 모두 '마리'라는 단위로 표현 가능하다. 육해공의 모든 동물들을 다 포괄해 사용된다. 하지만 중국어에선 다르다. 꽤나 복잡하다. 우리도 그렇게 쓰기도 하는데, 예컨대 말 한 필, 소 한 두 식으로 동물에 따라 다른 다양한 양사를 쓴다. 그래서 어렵다. 모국어 화자가 아닌 이상 중국어를 좀 한다 해도 복잡 다양한 양사를 정확히 쓰는 건 결코 쉽지 않다. 그래서 외국인이 적재적소에 정확한 양사를 쓰는 것은 중국어를 진짜 잘하나를 가늠하는 하나의 기준이 되기도 한다. 중국어 양사의 개수는 대략 800~900개에 이른다.

양사는 수량을 표현하는 기본 기능 외에, 언어사용을 더욱 풍부하고 생동감 있게 만들기도 한다. 예를 들어보자. 한 줄기 희망, 희망 한 스푼, 한 줌의 재, 걱정 한 사발, 한 잔의 추억, 추억 한 다발 등의 경우처럼 그 사용 목적은 결코 계량에만 있지 않다. 말하자면 심리·수사적 기능으로 사용된다. 셀 수 없는 어떤 추상적인 것들을 양사를 써서 시각화시켜주는 동시에 언어에 생동감을 불어 넣어준다.

08. 의문문 이야기

고전 중국어에서 의문문은 어떤 형태일까, 주로 어떤 의문사를 썼을까. 현대 중국어와는 어떻게 다를까. 그런 궁금증이 들 수 있다. 『논어』, 『맹자』, 『묵자』, 『한비자』 등 제자백가의 저작들은 당대의 구어체를 많이 사용하고 있고 문답의 형태를 다수 취하고 있다. 고대에는 스승과의 문답이 곧 주요한 공부였기 때문이다. 즉 의문문을 많이 구사하고 있다.

의문문은 대량의 어휘를 폭넓게 사용하고 다양한 형식을 취하고 있기에 당시의 언어를 연구, 분석하는 데에 매우 중요하다. 고전 중국어의 의문사는 현대 중국어와는 많이 다르다. 또한 문장 끝에 사용되는 어기사의 사용양상도 현대와는 다른 경우가 많다. 특히 재밌는 것은 복잡하고 다양한 감정을 전달하기 위해서 어기사를 두 개 혹은 세 개까지 연이어 사용했다는 점이다.

예컨대 『논어』, 『맹자』, 『사기』를 살펴보니, 방법이나 상황을 묻는 의문사로 何, 惡, 安, 曷, 奚, 如何, 若何, 奈何, 何如, 何以, 奚如, 云何, 如之何 등의 많은 의문사가 사용되고 있다. 이는 현대 중국어와는 완전히 다른 어휘들이다. 현대 중국어에서는 기껏해야 怎么样, 怎么, 如何 정도이다. 의문문에 사용되는 어기사 역시도 마찬가지다. 굉장히 다양한 어기사가 의문의 어기를 가지고 사용되고 있다. 의문사와 어기사의 사용양상 외에도 어순에 있어서도 고전 중국어와 현대 중국어는 적잖은 차이가 존재한다. 같은 한자를 사용하지만 이처럼 양자 간에는 커다란 차이가 있다. 물론 둘은 별개가 아니다. 거시적으로 보면 당연히 연속성이 있고 시간의 흐름에 따라 차차 변하고 바뀌어 간 것이다. 살아있는 생물처럼. 그래서 그런 말들을 하는 것이다. 언어는 살아있는 생물 같다고 말이다.

09. 어기사 이야기

　어기사, 어기조사 또는 우리식으로는 어조사로 불리는 어기사는 문장 끝에 붙여 다양한 어기를 표현하는 문장성분이다. 예컨대 우리는 흔히 어조사 也라는 식으로 외우고 부른다. 어기사는 주로 감탄이나 의문, 명령, 부탁, 강조 등의 다양한 어기를 표현한다. 언어는 인간의 생각과 의사를 전달하는 동시에 변화무쌍하고 다양한 감정을 표현한다. 영어로는 대개 Mood로 번역된다. 바로 여기서 어기사의 중요성이 강조된다. 어기사는 꼭 써야 할 때도 물론 있지만, 안 써도 의미상 문제가 없는 경우도 많다.

　개인적으로 후자가 더욱 흥미롭다. 즉 굳이 안 써도 전체적인 맥락과 의미 전달에는 문제가 없는데, 굳이 어기사를 써서 좀 더 미묘한 의미를 전달하는 점이 말이다. 인간의 감정이라는 것이 워낙 복잡미묘하니 이 어기사도 다양하게 분화된 것이 아닌가 싶다.

　두 개 이상의 어기사가 연용되는 점도 그와 관련이 있다. 즉 화자의 복잡한 감정을 요령있게 전달하기 위해 두 개 혹은 세 개의 어기사를 붙여서 사용하는 것이다. 가령 '而已矣' 같은 것이 있다. 재밌는 점은 이러한 어기사 연용현상은 현대 중국어보다 고전 중국어에서 많이 사용되었다는 점이다.

10. 통속적이고 대중적인, 속담

앞서 한자만의 독특한 언어 양식으로 성어와 대련을 이야기했다. 이러한 문화어휘에는 중국의 문화적 특징이 짙게 투영되어 있다. 그런데 성어나 대련에 비해 좀 더 통속적이고 대중적인 언어 양식이 또 있으니, 그건 바로 속담이다. 속담은 작자나 출전이 없이 그저 입으로 구전되어 내려온 경우가 대다수이다. 그리고 속담 역시도 그 안에 한 민족의 지혜와 경험이 응축되어 있으니 문화를 살피는 데 도움이 되고 무엇보다 재미가 있다. 같은 한자, 유교문화권으로 우리와 공유하는 속담이 많다.

예컨대 우리 속담에 "호랑이도 제 말하면 온다.", "뻔데기 앞에서 주름잡는다."는 말이 있는데, 이것에 상응하는 속담을 중국어에서 찾아보면 이렇다. "조조를 말하는데 조조가 온다 说曹操, 曹操到.", "관우 앞에서 대도를 휘두른다 关公面前耍大刀." 우리와 다르게 중국의 속담은 역사 속 유명 인물을 활용한다는 점이 재미있다. 간웅의 이미지가 강한 조조 그리고 신으로 추앙받는 관우, 그들을 속담에 넣는 다는 점이 흥미로운 부분이다.

속담이 성어나 격언과 또 다른 하나는 딱히 출전이 없이 입에서 입으로 전해져온다는 점이다. 그래서 더욱 친숙하고 대중적인 맛이 나는 것이 아닌가 싶기도 하다. 그러니 좀 더 쉽고 재밌게 접근할 수 있는 것이 또한 속담일 것이다. 물론 중국어의 수많은 속담을 빠르고 정확하게 캐치하기란 쉽지 않다.

11. 어휘의 쌍음절화

현대 중국어의 단어들은 거개가 이음절로 이루어져 있다. 學生, 學校, 媽媽, 老師 등등. 하지만 고대 중국어는 단음절로 이루어진 경우가 많았다. 그렇다면 언제 이렇게 변한 것인가. 중국어의 발전이라는 거시적 시각에서 보면, 漢代에 이르면 뚜렷한 어음의 쌍음절화가 보인다.

예컨대 논어의 첫구절은 "學而時習之, 不亦悅乎 有朋自遠方來, 不亦樂乎"이다. 글자 하나하나가 모두 하나의 낱말이다. 이것을 현대 중국어로 표현한다면 대개가 두음절 낱말로 변해버린다. 學은 學習, 朋은 朋友, 悅은 高興 등과 같이 말이다. 이처럼 고전 중국어, 특히 상고시기 중국어는 거개가 단음절 낱말을 사용한다. 그러던 것이 춘추전국을 지나 한대에 이르면 점차 이음절 낱말로 바뀌게 되는 것이다.

자연스레 질문이 이어진다. 그렇다면 왜 그런 현상이 생겼을까, 아무래도 단음절로 한정되다 보면 사용상에 많은 오차가 생길 가능성이 많아서일 것이다. 즉 같은 발음의 글자가 상당히 많다 보니 사용에 혼동이 생길 수 있을 것이다. 또한 단음절로는 표현하기 힘든 의미도 많기에 자연스레 이음절을 추구했을 것이다. 이음절로도 표현이 어려운 경우는 삼음절, 사음절 등 다음절 어휘로 표현했을 것이다. 이처럼 언어를 정확하고 효율적으로 표현하기 위해 초기의 단음절 낱말은 쌍음절로 변화, 발전해 나갔던 것이다.

12. 의미의 유래

7살 난 내 아이는 매일 아빠에게 질문하고 또 질문한다. 특히 수많은 단어의 뜻에 대해 묻는다. 아빠는 나름 열심히 설명하지만, 때로는 설명하기가 애매하고 뭔가 명확하게 전달하기 어려운 의미도 적지 않다. 그러면서 드는 생각이 있다. 과연 의미란 무엇인가. 그것의 근원은 어디에 존재하는가. 가령 우리는 어떤 의미를(정확히) 설명하기 위해 열심히 사전을 뒤지지만, 사전에 나오는 것이 그 단어의 모든 의미를 완벽히 담고 있는 것일까? 그건 아닐 것이다. 왜냐하면 언어란 마치 살아있는 생물 같기 때문이다. 시간에 따라 변하기도 하고 또 다른 새로운 의미가 파생되기도 하는 것이다.

때문에 태초에 어떤 특정 어휘의 의미란 것은, 어떤 모종의 '이미지'로부터 출발한 것일지도 모른다. 거기서 출발하여 많은 의미가 파생되는 것이고, 사전적 의미란 것은 그중에서 어떤 대표적이고 특정한 의미를 고정화, 객관화시킨 것일 것이다. 의미의 근원, 그것의 존재는 여전히 모호하고 불명확하다.

모국어도 그러할진데, 외국어의 경우는 더더욱 의미의 근원을 찾기 어렵다. 그러니 배우기도 더 어려운 것이다. 외국어의 의미는 사전에 절대적으로 의지할 수밖에 없다. 번역은 더 말할 필요도 없다. 번역을 해 본 사람으로서 번역이라면 나름대로 할 말이 무척 많다. 간단히 말해 너무 어렵고 힘든 과정이다. 다시 본론으로 돌아와서 중국어를 예로 들어보자. 엄청난 어휘를 싣고 있는 한어 대사전을 보면 한마디로 펼쳐 볼 엄두가 안 난다. 의미란 의미, 예문이란 예문을 엄청나게 담아내고 있으니 말이다. 물론 그것도 전부는 아닐 것이다.

그런데 재밌는 것은 한자야 말로 앞서 말한 의미의 근원, 이미지를 이야기하기에 적합한 문자다. 한자를 두고 표의문자라고 하듯이, 초기 한자의 조자 방식은 사물의 모양을 본 따 만든 상형자이지 않은가. 이미지, 그리고 거기에 근원을 두는 본뜻, 다시 파생되어 가는 의미소. 그걸 잘 따라가면 될 것 같지만, 상형자는 일부일 뿐 지사, 회의, 가차, 그리고 현대 한자 어휘의 90프로 이상을 차지하는 형성의 경우는 어찌할 것인가. 생각이 꼬리에 꼬리를 물수록, 답은 멀어져간다. 어렵다, 어려워….

5장 고전 중국어의 대가들

01. 한대에 등장한 천재들

서구는 중세 르네상스 시기에 수많은 천재들이 등장했다. 예컨대 미켈란젤로, 다빈치, 보티첼리, 단테 등 세계 문명사에 뚜렷한 족적을 남긴 거인들이 등장했다. 그렇다면 중국은 어떨까. 나는 개인적으로 다양한 분야에서 여러 명의 천재가 폭발하듯 등장한 시기로 한대를 꼽고 싶다. 어째서 그러한가, 몇몇 예를 들어보자. 가령 역사학에서는 동양 역사학의 태두 사마천이 등장하였고, 언어학에서는 허신, 양웅과 같은 천재가 등장한다. 유가의 경전을 심도 있게 파고드는 경학이 본격적으로 시작된 것도 한대이고 이 경학에서 정현, 동중서, 유향, 한영 등의 학자들이 대거 출연하였다. 문학에서는 한대를 대표하는 장르인 부에서 사마상여, 반고 같은 문인들도 활발히 활동하였다. 그밖에도 종이를 발명했다는 채륜 등 다양한 분야에서 여러 천재들이 폭발하듯 나타났다.

물론 특정한 시기에만 특별난 천재가 출현한다는 것은 어불성설이겠지만, 한대에 정말 천재들이 많이 나온 것은 또한 사실이다. 그렇다면 그 이유는? 이는 전쟁이 빈번하던 전대에 비해 한나라가 비교적 안정적으로 400년을 지속했기에 당연히 많은 성과물들이 나온 것으로 생각할 수 있다. 또 한가지, 춘추전국이라는 시기가 있었기에, 즉 백가쟁명과 같이 학술, 사상이 넘쳤던 시대를 거치면서 다양한 분야에서 축적된 성과가 한나라에 와서 분출된 것 같기도 하다.

그리하여 지금 중국어를 한어, 문자를 한자라 부르는 것이나 한족이라는 명칭도 여기서 비롯된 것이다. 즉 한대에 중국의 문명이 단단히 기틀을 잡고 안정적으로 발전해나갔던 것이다.

02. 왕충과 『논형』

한나라 학술계의 또 다른 거인 왕충과 그의 역작 『論衡』에 대해 좀 이야기해볼까 한다. 『논형』은 제목의 뜻 그대로 세상의 모든 시비와 모순에 대해 균형을 잡고자 한 책이다. 유가는 물론 제자백가의 사상들에 대한 예리한 비판과 논술은 물론 정치, 문화, 사회 등 인간사 전반에 대한 제문제들의 본질을 꿰뚫으며 실증적인 분석을 하고 있다. 사마천의 『사기』가 그러하듯 왕충도 30년의 장구한 시간을 들여 필생의 역작을 완성한 셈이다.

그의 저술에는 특정 사상이나 저술에 대한 맹목적 맹신, 낡고 관습적인 사고, 허구와 모순, 가짜에 대해 가차 없이 비판하고 엄중하고 정밀한 팩트를 내세운 올곧은 시대정신이 면면히 흐르고 있다. 왕충의 주장은 그가 살았던 한나라에만 유효한 것이 아니라 오늘날 우리에게도 시사하는 바가 크다. 엉터리 논리가 횡행하고 앞뒤 없는 비방이 판을 치기로는 그때나 지금이나 별반 차이가 없는 것 같다. 허위와 미망을 질타하고 엄정한 사실을 기반으로 한 이성을 추구했던 왕충의 『논형』은 지금의 우리를 되돌아보게 하고 반성하게 한다. 그리고 자연스레 그런 생각도 든다. 우리 시대에 과연 왕충과 같은 지식인이 있는가.

『논형』은 20만 자의 방대한 양으로 구성되어 있으며, 정치, 문화, 사회, 역사, 언어, 과학 등 다양한 분야를 망라하고 있다. 대쪽 같은 엄정함과 올곧음, 그리고 시원시원한 느낌으로 독자들을 감탄하게 한다.

03. 양웅, 방언을 집대성하다

중국이 면적이 큰 만큼 지역 간 격차가 크고 언어 또한 그러하다. 다시 말해 수많은 방언이 존재한다. 지역 간의 거리에 비례하여 차이는 벌어지고 급기야 서로 말이 안 통하는 지경에 이른다. 예컨대 복건성 지역과 대만에서 쓰는 민방언이나 상하이 방언, 광동 방언 등은 북경의 표준어와는 완전히 달라서 서로 통하지 않는 정도다.

중국의 방언지도

앞서도 춘추전국 시대의 방언과 표준어 아언에 대해 언급한 바 있는데, 중국의 방언 연구의 역사는 무척 오래되었다. 기원 전후 즈음에 이미 세계 최초의 방언 모음집이 나온다. 저자는 무려 27년의 시간을 들여 그 어려운 작업을 완성한 양웅 楊雄 이라는 학자다. 그 역시 한대가 배출한 또 한 명의 천재라고 해야 할 것이다. 지금처럼 자료 구하기가 쉽지 않던 시절이니 직접 발품을 팔아 수집하고 분석하고 정리하였을 것이고, 마침내 인류 최초의 방언집이라는 기념비적인 작품을 완성한 것이다. 흔히『方言』으로 부르지만 정확한 명칭은『輶軒使者絕代語釋別國方言』이다.

양웅은 한나라의 일급 사상가이자 문학가, 언어학자인 요컨대 르네상스 맨이라고 할 수 있을 것 같다. 그만큼 여러 방면에서 높은 성취를 이루었다. 예컨대『방언』뿐 아니라『논어』를 모방해서 지은『법언 法言 』이라는 책이 있고 여러 편의 뛰어난 시부 작품이 있다. 뿐만 아니라『주역』을 모방하여『태현경 太玄經 』이란 책을 썼는데, 당시 유행하던 신비주의적 세계관에서 탈피, 굉장히 객관적이고 과학적인 설명으로 호평을 받았다.

04. 허신, 한자의 구성원리를 파헤치다

허신 許信 하면 『說文解字』, 『설
문해자』하면 허신이다. 이후 모든
한자학 연구의 필수 자료가 된 설
문해자를 지은 허신은 한대가 배
출한 거인, 천재라고 할 수 있다.
오늘날까지 활용되는 육서 六書 의
개념을 세운 이도 허신이고, 부수
라는 개념을 처음 도입한 이도 바
로 허신이다. 설문해자는 이름의
의미 그대로 문자에 대해 설명하

『설문해자』 옛 판본

고 문자를 해석한 책이다. 그러한즉 글자 좀 한다하는 이들이라
면 누구라도 이 책을 옆에 끼고 참고했을 터이다.

『설문해자』는 소전 小篆 을 표제자로 삼아 글자의 자형 구조를
분석하여 한자의 본의를 밝히고자 한 최초의 본격적인 한자학 이
론서, 참고서다. 540개의 부수를 만들어 모든 한자를 이 부수에
맞게 배열, 편찬하였다. 또한 육서 개념을 도입하여 각 글자에 대
해 해설하였다. 설문해자에 수록된 글자 수는 9,353자다.

『설문해자』는 현존하는 자전 중 자전으로서의 틀을 잘 갖춘 가장
오래된 것으로, 자전의 효시로 부를 만하다. 당시의 한자를 모두 모
아 음과 의미는 물론 글자의 구성 원리까지 밝히려 시도한 책이다.
대단한 작업이다. 설문해자는 후대에 막대한 영향을 끼쳤다. 후대의
모든 자전들이 설문해자를 따라 부수별로 배열하고 있다.

05. 이지와 『분서』

명말 사상가 李贄의 문제적 저작 『焚書』는 일단 강렬함으로 다가온다. 제목부터 심상치 않은 이 책은 이지의 급진적이고 자유분방한 사상이 담겨있다. 거짓과 위선에 대한 거침없는 비판과 냉철한 현실 인식은 오늘날까지 많은 지식인들에게 강한 자극을 주고 있다.

이지는 이렇게 말한 바 있다. "나이 오십 전까지 나는 정말 한 마리 개와 같았다. 앞의 개가 그림자를 보고 짖자 나도 멋모르고 덩달아 짖었을 뿐이었다. 왜 그렇게 짖어댔는지 묻는다면 그저 말없이 웃을 뿐이었다 是余五十以前真一犬也. 因前犬吠形, 亦随而吠之, 若问以吠声之故, 正好哑然自笑也已." 공맹만을 진리로 알고 무조건 따랐으나, 알고 보니 남이 하니 그저 따라 하는 부회뇌동이었다는 것을 선언하는 고백처럼 들리는 이 문장은 이지의 사상과 그의 대표 저서 『분서』의 성격을 상징적으로 드러내 준다.

이탁오라는 호로 더 잘 알려진 이지를 논할 때 빠뜨릴 수 없는 것이 바로 동심론 童心論 일텐데, 그가 말하는 동심이라는 것은 단순한 순수나 천진함 같은 평화가 아니다. 현실에 대한 냉정하고 투명한 인식을 강조한 그는 냉철한 현실주의자라고 할 수 있다. 그리하여 이지는 당대 유학자들의 허위와 위선을 신랄하게 비판하고 질책했다.

『분서』는 친구들과 주고받은 편지를 모은 서간문이 주를 이루고, 이어서 인간과 세상에 대한 산문인 雜術, 일종의 역사평론이라 할 讀史 등으로 구성되어 있다. 세상의 모든 가짜에 대한 거침없는 비판과 함께 한 인간으로서 느끼는 솔직하고 과감한 자기 고백은 인간적 매력이 가득하다.

06. 이지, 동심에 대하여

아이를 키우면서 새로 겪게 되는 일들이 참 많다. 그리고 그에 대한 여러 소회들이 또한 적지 않다. 어떤 이들은 그런 것들을 육아일기, 아빠 일기 등으로 꼼꼼하게 정리 할 것이다. 나의 경우는 세세한 일기 형태는 아니고, 기록해 둘만한 사항들을 나름대로 정리해두는 정도다. 가령 뒤집고, 기고, 일어나 서서 걷고, 말하고 어린이 집에 가는 등 큼직한 성장단계를 기록하고 그에 대한 소회를 적어보는 식이다. 혹은 어디가 아플 때, 육아에 뭔가 참고할 만한 것들을 기록하고, 어디 여행을 갔다거나 새로운 곳을 방문했을 경우 등도 기록해 두었다. 글뿐 아니라 틈나는 대로 영상도 찍어 편집하여 정리한다. 그리 꼼꼼한 성격은 못되지만 그래도 나름대로 아빠의 역할을 하려고 노력한다.

아이를 키우며 요즘 내가 자주 느끼고 떠올려보는 단어 중 하나는 바로 '동심'이다. 아이는 아무 거리낌 없이 자신의 희로애락을 드러내는 순진무구한 아이의 모습을 보면서 잊고 살던 어린 시절의 나로 수시로 돌아가게 되는 것 같다. 아이와 눈높이를 맞추고 함께 웃고 떠들고 뒹굴다 보면 시간이 어찌 가는지 모른다. 아이는 아침에 눈을 떴을 때부터 잠들 때까지 쉴새 없이 말하고 웃는다. 아이가 좋아하는 장난감, 텔레비전 프로그램, 캐릭터를 새로 알아가게 되고 노래도 익히고 여러 동화책도 다시 접하게 된다.

가끔은 동심의 세계로 돌아가는 것도 필요하다. 우리에게도 잘 알려진 중국 명대의 사상가 이지李贄는 탁오卓吾는 글쓰기 나아가 혼탁한 세상에 지식인들이 지향해야 할 방향으로 동심설을 제시한 바 있다. 그가 쓴 글 중에 이런 대목이 있다.

무릇 동심이라는 것은 진심이다. 만약 동심을 안 된다고 한다면 이는 진심을 안 된다고 하는 것이다. 대저 동심이라는 것은 거짓을 끊고 순수히 참된 최초에 지녔던 한 생각의 본마음인 것이다. 만약 동심을 잃게 된다면 진심을 잃는 것이고, 진심을 잃는다면 참된 사람을 잃는 것이다…. 아아! 내가 또 어찌 동심을 일찍이 잃어본 적이 없는 진정한 큰 성인과 만나 그와 더불어 한번쯤 글에 대해 말해볼 것인가?

夫童心者, 眞心也. 若以童心爲不可, 是以眞心爲不可也. 夫童心者, 絶假純眞, 最初一念之本心也. 若失却童心, 便失却眞心 ; 失却眞心, 便失却眞人…嗚呼! 吾又安得眞正大聖人童心未曾失者而與之一言文哉!

07. 청대 고증학의 대가, 고염무

마지막 봉건왕조 청은 고증학이 유행했던 시기이고 여러 방면에서 천재적인 학자들이 나타났다. 청의 고증학이란 한대의 경학을 중시하는 학풍으로, 송명의 양명학이 관념적으로 치닫는 것에 대한 반동으로 이러한 경향이 시작되었다.

흔히 황종희, 고염무, 왕부지를 청초 3대유 三大儒 로 부르는데, 이

『일지록』

들은 송명 시기의 학풍을 반대하면서 실학을 표방하며 새로운 학풍을 일으켰다. 그들은 구체적으로 역사에 대한 치밀한 고증에 나섰고 박학 博學 을 통한 실천을 강조하였다.

고염무는 청을 대표하는 대학자 중 한 명으로 양명학에 환멸을 느끼고 일찌감치 경세치용에 학문적 뜻을 두고 실학에 몰두하였다. 그의 실증적 학문 태도는 많은 이들의 귀감이 되었고, 뛰어난 여러 업적을 남겼다. 그중 가장 유명한 것이 『일지록』이고 그 외에도 『천하군국이병서』, 『음학오서』 등이 있다. 이 저작들은 모두 강한 실천적 의지가 돋보이고 독자적인 사론으로 구성되어 있다. 그중 학자의 엄정한 자세와 학문에 대한 치밀한 논구의 중요성을 강조한 『일지록』은 만인들의 교본이 되었다. 필자 역시도 고염무의 『일지록』이 특히나 인상적이어서 유학 시절 책상 한쪽

에 두고 수시로 읽으며 강한 자극을 받곤 했다.

『일지록』은 일종의 독서 기록, 혹은 독서 일기라고 할 수 있는데, 뚜렷한 체계를 세우고 있진 않다. 30년에 걸친 독서, 그 독서를 통한 깨달음을 매일 기록한 셈인데, 인문과 자연의 광범위한 내용을 망라하고 있다. 이른바 경세치용을 지향하면서 도탄에 빠진 세상을 구제하고 태평성대한 세상을 만들어나가겠다는 뜨거운 포부가 담겨있는 책이다.

08. 단옥재의 설문해자주

한대 허신이 지은 『설문해자』에 대한 가장 정확하고 정교하며 종합적인 주석이 바로 청대 단옥재가 쓴 『說文解字注』다. 청대가 낳은 또 한 명의 천재적 학자가 바로 단옥재段玉裁일 것이다. 『설문해자주』30편을 저술하여 이른바 이후 전개되는 설문학의 태두가 되었고 출판 당시 이미 획기적인 업적으로 호평받았다. 동료이자 또 한 명의 대학자 왕념손은

단옥재 『설문해자주』

이 책의 서문에서 1700년 이래 이러한 저작은 없었다며 찬사를 보냈다.

단옥재는 각고의 노력 끝에 설문해자주를 완성하였다. 천재급 학자가 일생일대를 매달려 완성한 거작이었다. 그것은 또한 2년 이라는 오랜 시간에 걸쳐 인쇄되었다. 워낙 방대한 양에다가 오탈자 등의 실수를 막기 위해 심혈을 기울였기 때문이다. 그렇게 책이 완성되어 나온 때가 1815년이었고 단옥재의 나이 81세였다. 당시 설문해자주는 은 10냥에 거래되었다고 하는데, 서민 한 가족의 1년 생활비가 20냥이었던 걸 감안하면 대단히 고가였음을 알 수 있다. 가격을 떠나 그만큼 가치를 인정받았다고 할 수 있을 것이다. 필자가 중국으로 유학 갔을 때 가장 먼저 샀던 책 중의 하나이기도 하다.

단옥재는 『설문해자주』를 통해 다양한 용례를 들어가며 자의 字意를 면밀하게 밝혔고, 본의 이외의 인신의, 가차의 등에 대해서도 폭넓게 설명하였다. 또한 자의와 자음의 관계에 대해서도 정밀하게 논하였다.

1부 고전 중국어라는 광맥

6장 고전 중국어의 발음, 소리

01. 평측과 압운

평측 平仄 과 압운 押韻 이라는 것이 있다. 간단히 말하자면 평측은 소리의 높낮이 즉 성조를 맞추는 것이고, 압운은 운 즉 발음을 맞추는 것이다. 말이 그렇지 평측과 압운은 그리 간단한 게 아니라 매우 복잡하다.

평측법이란 즉 한시를 지을 때

평측과 압운 맞추기

일정한 규칙에 따라 평성과 측성을 번갈아 배열해 쓰는 규칙을 말한다. 4개의 성조를 과거에는 平, 上, 去, 入으로 불렀다. 그중 평성을 제외한 나머지 상, 거, 입성을 측성이라고 보았다. 그것을 어떻게 구분하느냐. 사실 평성과 측성의 구분은 암기에 의존하거나 일일이 자전을 찾아 확인하는 수밖에 없다. 그러니 한시 한 수 짓는 것도 보통 어려운 일이 아닌 것이다. 지금 현대 중국어를 가지고 쉽게 설명하자면, 1·2성은 평성, 3·4성은 측성이라고 보면 조금 편안하게 다가올 것이다.

자 다음으로 압운은 뭐냐, 압운은 운을 밟는다는 말인데, 즉 운모를 맞춘다는 것이다. 이 역시 시나 부 등의 문학작품을 지을 때 사용하는 규칙의 하나다. 같은 자리의 글자의 발음을 비슷하거나 같게 맞추는 것이다. 비유컨대 랩에서 라임과 같이 끝 글자의 발음을 맞추는 것과 비슷한 것이다.

압운과 평측은 하나의 형식일 뿐, 문학성과는 별개다. 즉 문장의 대구를 맞추고 압운과 평측처럼 발음을 잘 맞춘다고 해서 저절로 명작이 탄생하는 건 아니다. 그와 함께 눈동자에 점을 찍듯 뛰어난 문학성이 더해져야 진짜로 볼만한 작품이 딱하고 완성되는 것이다.

02. 고전 중국어에도 성조가 있었을까

중국어를 배울 때 가장 어렵고 낯설게 느껴지는 것이 바로 성조다. 성조란 말 그대로 소리의 높낮이를 말하는 것이다. 그러면서 자연스레 드는 의문이 있다. 그 옛날 고대에도 성조가 있었을까. 중국어에는 원래부터 성조가 있던 걸까?

사실 그에 대해서는 완벽하고 정확한 답을 알기는 어렵다. 이천 년 전 이상의 고대 중국어에서 과연 성조가 있었나를 가늠해 보려면 충분한 자료가 있어야 하는데 그렇지 못해서이다. 하지만 그 불완전한 자료를 가지고도 많은 학자들이 연구에 착수했고, 그에 대한 대략적인 결론은 상고 시기 先秦兩漢 중국어에는 성조는 존재하지 않았다는 것이다. 중국어는 성조가 있는 언어라고 당연하게 생각했는데, 그게 당연한 게 아니었다.

상고 시기 중국어는 성조는 없지만, 현대 중국어와는 달리 음절 끝에 자음이 붙는 경우가 많았다. 이는 곧 한국어의 받침과 비슷한 것이라고 보면 된다. 상고 시기를 지나 위진남북조, 수당시기의 중고 중국어로 넘어오면, 음절 끝 자음 발음이 점점 희미해지고 옅어지면서 그것이 성조로 변화하고 발전해 나간 것으로 보고 있다. 즉 중국어의 성조는 이 시기부터 생겨나게 되었다는 것이 학자들 대다수의 의견이다.

03. 통가, 가차

한문에서 통가通假라는 것이 있다. 통가란 즉 발음이 같은 글자를 빌려 쓰는 것을 말한다. 다시 말해 가차假借, 즉 발음만 빌려오는 것이다. 예를 들어 陶瓷器는 陶磁器로도 쓰는데, 瓷와 磁가 동음이기에 이렇게 통가한 것인데, 지금은 둘 다 사용되고 있다.

오래된 고서일수록 이 통가, 즉 가차 현상이 많아서 해석상의 어려움을 야기한다. 이는 바꿔 말하면 오래된 텍스트일수록 소리 나는 대로 적는 경향이 더 강하다는 말도 된다. 뜻은 무시하고 발음만을 임의로 갖다 쓴 이러한 현상은 왕왕 해석상의 오류를 자아내게 된다. 그러니 오래된 출토물을 발견했을 때 글자의 액면 그대로 해석을 시도했다가는 낭패를 보기 쉽다. 바로 이 통가가 빈번하기 때문이다. 그런데 아이러니 하게도 사람들은 오래된 것, 즉 당대에 가까운 것에 대한 신뢰가 강한 경향이 있다. 하지만 통가자의 예를 통해서도 알 수 있듯이 무조건 오래된 것일수록 진짜에 가깝고 더 중요하다고 믿는 것은 좀 편견일 수 있는 것이다.

어쨌든 고대 중국어가 어렵다고 느끼게 하는 것에 분명 이 통가 현상이 단단히 한 몫을 한다. 그럼 그것을 어떻게 해결해야 할까. 딱히 비법이 있을 수 없다. 통가에 대해 이해하고 그 개념과 원리를 잘 알아야 하고, 정확한 주석을 참고해서 올바른 해석을 하는 수밖에 없다.

04. 운서 이야기

『광운』

韻書는 고대 문인들이 시나 부를 지을 때 평측과 압운을 참고하기 위해 만들어진 책이다. 소리를 맞추고 운을 맞춘다는 게 얼마나 복잡하고 까다로웠으면 이 같은 책이 따로 존재했을까. 현존하는 가장 오래된 운서는 송나라 때 지은 『廣韻』이라는 책이다. 광운은 모두 206개의 운으로 나누어 글자를 싣고 있다. 가령 첫 번째 운이 東韻이고 다시 동운의 첫 번째 小韻이 東이다. 東자는 德紅切이라고 설명되는데, 여기서 德은 성모, 紅은 운모를 가리키는 것이다. 즉 東이라는 글자의 발음을 두 글자를 사용하여 설명하는 방식이다. 이러한 음절 분석 방법이 바로 반절反切이다.

운서가 나온 지 200여 년 뒤인 당나라 말에는 韻圖라는 것도 등장한다. 운도는 순수하게 중국어 발음을 분석한 도표이다. 도표의 가로에는 성모를 배열하고, 세로에는 운모들을 배열하여 해당되는 음절의 한자를 싣고 있는 방식이다. 이러한 운도의 탄생배경에는 인도로부터 불경 전래와 밀접한 관련이 있다. 즉 산스크리트어를 중국어로 옮기는 과정에서 자신들의 중국어 발음에 대해 깊이 있게 연구하게 된 것이다. 참고로 당시 인도에서 불교를 받아들인 것은 말하자면 중국 역사에서 외부로부터 엄청난 영향을 받은 거의 첫 번째 사례로 많이들 거론한다.

05. 쌍성과 첩운

고대에 시가를 지을 때 자주 쓰이는 수사법으로 쌍성雙聲과 첩운疊韻을 들 수 있다. 흔히 운율을 맞춘다거나 압운을 한다는 표현을 자주 하는데, 그것이 바로 성모를 맞추는 쌍성, 운모를 맞추는 첩운을 지칭하는 것이다.

즉 이음절 낱말에서 각 음절의 성모가 같은 경우를 쌍성이라고 하고, 운모, 그중에서도 주요모음과 운미가 같은 경우를 첩운이라고 한다. 고대의 문인들은 이 쌍성첩운을 시작 詩作 에 보편적으로 사용했다.

그렇다면 시가에서 쌍성과 첩운을 자주 쓴 이유는 무엇일까. 한자는 뜻글자의 성격이 강하기 때문에 소리에 의지해야 하는 의성 擬聲 에 많은 한계가 있다. 이를 타파하기 위해 같은 성모나 운모를 중첩하는 쌍성, 첩운을 활용하여 다양한 소리와 모습을 효과적으로 표현한 것으로 여겨진다. 말하자면 이 경우는 의미가 아니라 소리가 강조된 특수한 수사적 활용이라고 할 수 있다. 즉 쌍성, 첩운을 이루는 단어는 소리만이 중시되는 케이스이기 때문에 실제 결합되는 두 글자의 의미는 상관없이 소리의 동일성만으로 이루어지는 경우가 많다. 쌍성, 첩운은 또한 인명, 식물명, 동물명 등을 표현하는데 널리 쓰였다.

06. 중국어 발음, 짱깨와 띵호와

찐따 자화 진땅 장화
만따 운동화 마른땅 운동화
짱께, 띵호아

자, 이상은 개그맨들이 엉터리 중국어를 사용할 때 자주 쓰는 표현들이다. 주로 쎈소리, 그리고 '화'나 '호' 등의 발음을 사용하면 중국어 비슷하게 들리는 모양이다. 개중에는 또 홍콩말(광동어)

를 흉내내며 입성 入聲이 있는 글자, 가령 얍, 쌤, 록 등의 글자나 단어를 소리내기도 한다. 이 또한 그럴싸하게 들린다.

아무튼 그건 그렇고 우리가 그냥 중국을 희화화하며 자주 쓰는 표현인 짱깨, 띵호와에 대해 조금 이야기해볼까 한다. 짱깨는 보통 '중국 저 짱깨들' 식으로도 쓰고, '야, 오늘 짱깨나 시켜먹자.'라는 식으로도 쓴다. 전자는 중국인, 후자는 짜장면을 지칭한다. 전자의 경우는 부정적인 뉘앙스가 좀 있다. 그렇다면 이런 말은 어디서 온 것인가. 짱깨는 일반적으로 주인장을 가리키는 중국어 '짱궤이 掌櫃'에서 온 것으로 본다. 짱궤이는 가령 음식점 카운터에서 주판을 굴리며 돈을 받는 주인을 생각하면 되겠다. 지금은 거의 쓰지 않는 표현이다. 혹은 '중국'의 중국어 발음 '쭝구어'에서 유래됐다고 말하는 이도 있다. 띵호아는 중국어로 '아주 좋다.'라는 의미의 '팅하오 挺好'를 그냥 한국식으로 대충 읊은 말 같다. '아주 좋다.'라는 말이다. "비단이 장수 왕서방, 명월에게 반해서 … 띵호아." 뭐 이런 노래도 있지 않은가. 암튼 저런 표현들은 앞서도 말했듯 중국이나 중국인을 좀 희화화한 표현들이고. 한편으론 친숙하고 재밌는 말들이다.

07. 동아시아의 라틴어, 고전 중국어, 한문

지금까지 고전 중국어에 대한 이모저모를 살펴보았다. 가벼운 상식부터 평소 의문을 품었던 문제들에 대한 나름의 답까지 여러 가지 이야기들을 해보았다. 이러한 이야기를 통해 고전 중국어,

즉 한문에 대해 조금 더 친숙하고 재밌게 접근하길 바라는 마음
이 크다.

　고전 중국어, 흔히 말하는 이 한문은 비유컨대 동아시아의 라
틴어라고 부를 만하다. 오랜 시간 중국은 물론 동아시아 한자문
화권에서 두루 읽히고 공식 문자로 사용되어 왔기 때문이다. 또
한 라틴어가 유럽 각국에서 각자 다르게 변화하고 발전한 것처
럼, 한문은 한국, 일본, 베트남 등지에서 각자 다르게 자국화되었
다는 점에서도 그러하다.

　연암 박지원이 한문으로『열하일기』를 쓰고, 최부가 중국을 표
류하고 여행한 기록을 쓴『표해록』역시 한문으로 기록하였다.
이처럼 조선의 최고 선비들은 한문을 가지고 높은 수준의 성취를
이루었다. 더 거슬러 올라가보면 최치원은 대당제국 한복판에서
그 문명을 널리 떨쳤다. 이들의 명성은 중국에도 잘 알려져 있다.

　앞서 살펴본 바와 같이 고전 중국어는 달리 한문, 문언문 등으
로 부를 수 있다. 이처럼 명칭도 다양하고 관점에 따라 그 개념은
조금씩 다를 수도 있다. 가령 文言文이란 명칭을 보자. 글월 文字
가 앞뒤로 두 번이나 쓰인다. 이 단어 자체가 이미 고전 중국어의
중요한 개념 중 하나인 '유연한 해석'을 반영한다고 할 수 있다.
문언문은 우아한 글, 글쓰기에 관한 글 등의 다양한 개념을 내포
하기도 한다. 아무쪼록 이 책을 읽는 독자 여러분들이 고전 중국
어에 대해 좀 더 흥미와 관심을 가지게 되길 바라며 나아가 그 넓
고 깊은 세계에 도전해보길 기원한다.

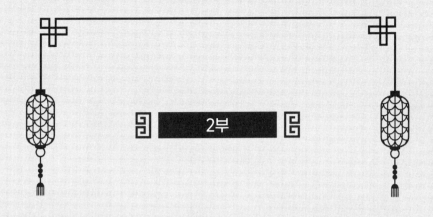

조금
더 궁금한
이야기

2부에서는 4편의 언어학 논문이 소개된다. 고전 중국어
의문문과 의문사를 각각 살펴보고, 어기사 그리고 대련에 관한
이야기들이 펼쳐진다. 고전 중국어의 세계로 조금 더 깊숙이
들어가는 계기가 되길 희망한다.

1장 『史記』 속의 疑問文

00. 요약

본 논문은 漢代의 역사문헌 『史記』에 사용된 의문문을 연구대상으로 삼아 의문문을 종류별로 일별하고, 각 의문문을 구성하는 語氣詞, 疑問詞, 副詞 등의 구성요소들의 용법과 특징을 중심으로 『史記』 의문문을 체계적으로 분석하였다. 또한 先秦時期 의문문과의 비교를 통해 고대 중국어 의문문의 변화와 발전을 몇 가지 방면으로 고찰하였다.

01. 序論

중국 최초의 紀傳體 史書인 『史記』는 탁월한 역사인식과 동시에 풍부한 문학성을 지니고 있으며, 정치, 경제, 사회, 문화 등 여러 분야에 걸쳐 후대에 미친 영향이 막대하다. 그러한 높은 가치로 인해 『史記』는 시대와 공간을 초월한 인류의 古典으로 자리매김 되어 있다. 언어학적인 측면에서 말하자면, 『史記』는 西漢時期의 언어면모를 대표할 수 있으며, 따라서 이 시기 언어를 연구하는데 있어서 귀중한 자료가 된다.

漢代는 中國語史에 있어 여러 가지 방면으로 커다란 발전을 이룬 시기이다.[1] 중국어의 문장체계도 先秦時期를 거쳐 漢代에 이르러 더욱 완전하게 갖추어지게 되는데, 의문문 역시 일정한 변화를 보인다. 의문문은 다른 문형보다 광범위한 구조와 어휘를 포괄하기 때문에 이 시기 전체적인 어법구조를 바라보는 것에도 효과적이라고 생각된다. 『史記』에는 의문문이 대량으로 사용되고 있으며 그 구조와 구성요소 역시 다양하다. 본 논문은 이러한 사실에 주목하여 의문문을 연구대상으로 택했다. 『史記』에 나타난 의문문을 일별하고 그 구조와 용법을 체계적으로 분석하는 것은 그러므로 고대 중국어 의문문을 이해하고 나아가 전체적인 어법체계를 이해하는 것에도 도움을 줄 수 있을 것이다.

의문문은 그 표현방식과 기능에 따라 몇 가지로 나눌 수 있는데, 고대 중국어 의문문에 대해서는 일반적으로 詢問文 일반의문문, 反問文 반문의문문, 測度文 추측의문문 3종으로 분류한다. 詢問文은 다시 是非疑問文, 選擇疑問文, 反復疑問文, 特指疑問文으로 하위분류 된다. 본문은 『史記』에 나타난 의문문을 종류별로 선별하고, 각각의 의문문을 구성하는 구성요소를 중심으로 그 용법과

1 　예컨대, 漢代에 이르러 漢王朝는 한층 더 중앙집권의 봉건국가를 공고히 했고, 정치, 경제의 집중은 방언의 정화를 촉진시켰고, 이로 인해 지역 공동어 또한 진일보한 발전을 이룬다. 또한 春秋戰國 시기의 언어발전에 새로운 변화를 더했는데, 어법방면의 발전은 중국어 표의기능을 더욱 성숙, 완정하게 했다. 예를 들어, 繫辭句文의 발생, 動補構造의 운용, 被動文의 발전 등은 통사구조가 더욱 정밀해졌음을 반영한다. 孫錫信(1992:3-13)참조.

특징을 분석하여 귀납 설명하고, 先秦時期 의문문과 비교해서 『史記』 의문문에 나타나는 변화상을 분석하는 것을 주요 연구방법으로 삼고자 한다.[2]

02. 『史記』 의문문의 유형
(1) 詢問文

詢問文은 확실한 의심이 있는 상태에서 질문을 하는 것으로 상대방의 대답을 요구한다. 다시 是非疑問文, 特指疑問文, 選擇疑問文, 反復疑問文으로 하위분류 된다.

① 是非疑問文

고대 중국어에서 是非疑問文은 문말에 의문을 표시하는 語氣詞를 이용한 형식으로, 제기한 질문에 대해 상대방이 긍정 혹은 부정의 대답을 할 것을 요구한다. 『史記』에 나타난 是非疑問文은 文末에 疑問語氣詞 "乎", "邪", "與", "也", "也歟"를 사용하였다.

①-1 乎

"乎"는 『史記』에 전편에 걸쳐 是非疑問文을 구성하는데 가장 많이 사용된 語氣詞이다.

---

2   본고에서 反問疑問文은 논외로 한다. 反問疑問文은 그 형식과 내용이 다양하고, 범위 또한 광범위하기 때문에 차후 별도로 독립시켜 다루고자 한다.

〔1〕　爾忘句踐殺父乎?　『伍子胥列傳』

그대는 구천이 네 아비를 죽인 것을 잊었는가?

〔2〕　吾欲使越, 漢肯聽我乎?　『大苑列傳』

내가 월나라에 사신을 보낸다면, 한나라에서 나의 말을 들어줄까?

〔3〕　公知天下長子乎?　『田叔列傳』

공은 천하의 장자를 아는가?

〔4〕　虞卿誠能盡秦力之所至乎?　『平原君虞卿列傳』

노경은 진실로 진나라의 힘이 미치는 바를 다 파악할 수 있을까?

〔5〕　子産去我死乎?　『循吏列傳』

자산이 우리를 버리고 죽었을까?

①-2 邪

『史記』에서 是非疑問文을 구성하는 주요 語氣詞는 "乎"와 "邪"이다. 현대 중국어 "嗎"나 "呢"에 상당한다.

〔6〕　范叔有說于秦邪?　『範雎蔡澤列傳』

범숙이 진나라에 유세할 일이 있는가?

〔7〕　梁之比于秦若僕邪?　『魯仲連鄒陽列傳』

양나라와 진나라의 비교는 종과 같은 것입니까?

〔8〕　子則自以爲有罪, 寡人亦有罪邪?　『盾吏列傳』

그대는 스스로 죄가 있다고 하는데 과인도 죄가 있습니까?

〔9〕　沛公城欲倍項羽邪?　『留侯世家』

패공이 진실로 항우를 배반하려 했는가?

①-3 與

"與"는 "乎", "邪"와 함께 『史記』 전반에 걸쳐 是非疑問文을 구성하는 주요한 疑問語氣詞로 사용되었다. "乎"가 확실한 의문을 표시하는데 비해 "與"는 어느 정도 추측을 하고 있는 상태에서 상대방에게 확답을 요구하는데 사용된다는 의미상의 차이가 있다.

〔10〕 王聞燕太子丹入質秦與? 『樗里子甘茂列傳』
　　　왕께서는 연나라 태자 단이 진나라에 인질로 간 것을 들으셨는지요?

〔11〕 帝之政, 其有闕與? 『殷本紀』
　　　임금께서는 나라를 다스리는데 잘못하신 점이 있으신지요?

〔12〕 子路可謂大臣與? 『仲尼弟子列傳』
　　　자로는 대신이라 할 수 있는지요?

〔13〕 子非三閭大夫與? 『屈原賈生列傳』
　　　그대는 삼려대부가 아닌지요?

①-4 也

『史記』에서 語氣詞 "也"가 의문사와 호응하지 않고 단독으로 쓰여 의문을 표시한 경우는 매우 드물다. "也"는 주로 판단을 표시하는 경우에 사용된다.

〔14〕 此乃鹿也? 『李斯列傳』
　　　이것이 사슴인가?

①-5 也歟

語氣詞 "也"와 "歟"가 연용되어 의문을 표시한다.

〔15〕 斯乃家給人足, 刑錯之本也歟? 『平津侯主父列傳』
　　　이것이 바로 집안이 풍족해지고 사람들이 만족하게 되어 형벌이 없게되는 근본인가?

② 特指疑問文

特指疑問文은 의문사를 사용하여 의문을 제기하는 의문문으로, 의문사를 사용하여 의문점을 가리킨다. 特指疑問文이 나타낼 수 있는 의문범위는 사람, 사물, 상황, 원인, 목적, 수량, 처소, 시간 등 광범위하다. 의문사만으로도 질문이 가능하지만, 文末語氣詞와 앞뒤로 호응하기도 한다.

②-1 何

"何"는 『史記』 전편에 걸쳐서 가장 많이 나타나는 의문대사로 사물, 원인 등을 묻는데 사용되었으며 문장에서 각종 문장성분으로 충당되었다. 또한 문미에 語氣詞와 함께 호응을 이루기도 하는데, "乎", "與", "焉", "哉", "也" 등 다양한 어기사와 쓰였다. 이 시기 "何"의 어법기능상 뚜렷한 변화로, 예문 〔22〕과 같이 그것이 개사빈어로 쓰일 때 개사 뒤에 위치하기 시작했다는 점을 들 수 있다.

〔16〕 吾乃與而, 汝何爲者也? 『平原君虞卿列傳』

나는 네 주군과 논의하고 있는데, 너는 무엇하는 놈인가?

〔17〕 今天下已定, 又何疲也? 『樊酈滕灌列傳』

지금 천하가 다 평정되었는데, 어째서 고달프십니까?

〔18〕 鞅將事子, 子又何辭焉? 『商君列傳』

앙은 그대를 일삼으려 하는데, 그대는 왜 사직하려 하는가?

〔19〕 子何疑于余哉? 『滑稽列傳』

당신들은 왜 나만 의심하는가?

〔20〕 隱桓之際, 是獨何哉? 『司馬相如列傳』

노나라 은공과 환공시대의 이런 일은 유독 어찌된 일인가?

〔21〕 吾所以有天下者何, 項氏之所以失天下者何? 『高祖本紀』

내가 천하가 있게 된 까닭은 무엇이며, 항씨가 천하를 잃게된 까닭은 무엇인가?

〔22〕 爲何退? 『秦世家』

어째서 후퇴하는가?

②-2 安

特指疑問文에 사용된 "安"은 주로 장소를 묻는데 사용되었고, 때로 이유를 묻는데 사용되기도 하였다. "安"은 일반적으로 語氣詞와 호응하지 않지만 때로 함께 쓰이기도 한다.

〔23〕 三尺安出哉? 『酷吏列傳』

법이 어디서 나온 것이요?

〔24〕 沛公安在? 『項羽本紀』

패공은 어디에 있는가?

〔25〕 安得此? 『大苑列傳』

어디서 이것을 얻었는가?

〔26〕 安所受之? 『滑稽列傳』

어디서 그것을 받았는가?

〔27〕 王復安得此亡國之語乎? 『淮南衡山列傳』

왕께서는 다시 왜 이러한 나라 망칠 의논을 하시려 합니까?

②-3 胡

『史記』에서 特指疑問文에 사용된 "胡"는 모두 원인을 묻는데 사용되었다.

〔28〕 軫欲去秦而之楚, 王胡不聽乎? 『張儀列傳』

진진은 진나라를 떠나 초나라로 가려하는데 왕께서는 어째서 들어주지 않습니까?

〔29〕 大命胡不至? 『殷本紀』

대명은 어째서 이르지 않는가?

〔30〕 胡不死? 『趙世家』

어째서 죽지 않는가?

②-4 誰

사람을 묻는데 사용되고 있다. 이 시기 사람을 묻는데 사용된 의문대사 "誰"와 "孰" 중, "誰"의 사용비율이 "孰"을 크게 앞선다.

〔31〕 **天下誰最愛我者乎?** 『佞幸列傳』

천하에 나를 가장 사랑하는 이 누구인가?

〔32〕 **誰爲此計者乎?** 『范睢蔡澤列傳』

누가 이 계획을 만들었는가?

〔33〕 **君臣誰可相者?** 『齊太公世家』

신하 가운데 재상을 시킬만한 이가 누구인가?

〔34〕 **若所追者誰?** 『穰侯列傳』

당신이 쫓는 자가 누구요?

②-5 孰

先秦時期에 비해 이 시기 "孰"의 사용비율은 크게 떨어진다. 『史記』에 사용된 "孰"은 주로 選擇疑問文에 사용되었다.[3]

〔35〕 **孰謂周公旦欲爲亂乎?** 『蒙恬列傳』

누가 주공단이 난을 일으킨다 했는가?

〔36〕 **然則寡人孰相?** 『魏世家』

그렇다면 과인은 누구를 재상으로 해야하오?

3 　貝羅貝, 吳福詳(2000:319-320)에 의하면, 上古後期에 이르면 의문대사 "孰"은 실제 구어에서 이미 사용하지 않는다고 설명하고 있다. 그 근거로 東漢時期의 註釋家들은 거의 모두 "孰"을 "誰"로 註解한다는 사실을 들고 있다. 즉 "誰"의 기능이 더욱 확대되어 "孰"이 점차 도태되었다고 할 수 있다.

②-6 疇

"疇"는 의문대사로서 사람을 묻는데 사용되었다. "誰"에 상당하며,『史記』전편에 한차례 사용되었다.

〔37〕　疇逆失而能存? 『司馬相如列傳』
　　　　덕을 잃고 능히 보존할 수 있는 이가 누구인가?

②-7 曷

"曷"은 원인을 묻는데 사용되었다.

〔38〕　俠客之義又曷可少哉? 『遊俠列傳』
　　　　협객의 뜻이 어찌 작을 수 있겠는가?

〔39〕　天曷不降爲? 『殷本紀』
　　　　하늘은 어째서 재앙을 내리지 않는가?

②-8 奚

"奚"는 방법이나 원인, 목적을 묻는데 사용되었다.『史記』에서 "曷"과 "奚"는 反問疑問文에 주로 사용되었다.

〔40〕　死者天地之理, 物之自然者, 奚可甚哀? 『孝文本紀』
　　　　죽음이란 천지의 이치요 생물의 자연스러움인데 어째서 그리 유독 슬퍼하는가?

〔41〕　齊王奚如? 『燕召公世家』
　　　　제왕은 어째서 이와 같은가?

②-9 焉

"焉"은 장소를 묻거나 원인을 묻는데 사용되었다.

〔42〕 焉有子死而弗哭者乎? 『平原君虞卿列傳』

자식이 죽었는데도 어째서 울지 않습니까?

〔43〕 仲尼焉學? 仲尼弟子列傳

중니는 어디서 배웠는가?

②-10 惡

"惡"은 방법과 처소를 묻는데 사용되었다.

〔44〕 數有命兮, 惡識其時? 『屈原賈生列傳』

수명은 길고 짧음이 있으니 어떻게 그때를 알 수 있겠습니까?

〔45〕 且王攻楚, 將惡出兵? 『春申君列傳』

왕께서는 초나라를 공격함에 어디로 진군해 가십니까?

②-11 幾

"幾"는 수량을 묻는데 사용되고 있다.

〔46〕 先生處勝之門下幾年于此矣? 『平原君虞卿列傳』

선생이 나의 문하에 있은 지 오늘로 몇 해가 되었습니까?

〔47〕 汝罪有幾? 『范雎蔡澤列傳』

너의 죄가 얼마나 되느냐?

②-12 幾何

"幾何"는 수량을 묻는데 사용되고 있다. 선진시기 "幾何"는 주로 술어로 충당된 데 비해 이 시기에는 술어 외에도 관형어로 사용되는 예 또한 많이 발견된다.

〔48〕 **年幾何矣?** 『趙世家』
나이가 몇인가?

〔49〕 **漁者幾何家?** 『龜策列傳』
고기잡이 하는 집이 얼마나 되느냐?

②-13 何所

처소를 묻는데 사용되었다. 현대 중국어 "甚麼地方", "哪里"에 상당한다.

〔50〕 **客何所爲?** 『孟嘗君列傳』
객은 어디에 있는가?

〔51〕 **天下何所歸?** 『酈生陸賈列傳』
천하는 어디로 돌아가는가?

②-14 安所

"何所"와 마찬가지로 처소를 묻는데 사용되었다. 이처럼 이 시기 처소를 묻는 경우, "安", "焉" 등의 의문대사 외에도 수식관계의 명사구인 "何所"와 "安所"를 사용하여 충당하였다.

〔52〕 民安所措其手足? 『張釋之馮唐列傳』

백성들은 그들의 손과 발을 어디에 둘 것인가?

〔53〕 子當爲王, 欲安所置之? 『滑稽列傳』

아들을 왕에 봉해야 하는데 어디에 그를 배치할 것인가?

②-15 何以

방법과 원인을 묻는 데 사용되었다.

〔54〕 公何以知吾不能用廉頗李牧也? 『張釋之馮唐列傳』

그대는 어떻게 내가 염파나 이목같은 장군을 쓸 수 없다는 것을 아는가?

〔55〕 何以知之? 『廉頗藺相如列傳』

어떻게 그것을 알았는가?

②-16 何故

원인을 묻는데 사용된다. 『史記』에서 원인을 묻는 경우, "何"를 이용한 경우가 가장 많았고, 그 다음으로 "何以"와 "何故"의 사용이 뒤를 이었다. [4]

〔56〕 何故涉吾地? 『齊太公世家』

무슨 까닭으로 내 땅을 밟았소?

---

4   貝羅貝, 吳福祥(2000:321)참고.

〔57〕　君所以不擧五月者何故? 『孟嘗君列傳』

　　　당신이 오월 생의 아이를 기르지 않는 것은 무슨 까닭입니까?

②-17 何時

시간을 묻는데 사용되었다. 이전 시기 시간표시에 사용되던 "曷" 등은 이 시기에 이르러 보이지 않고 주로 "何時"가 사용되었다.

〔58〕　且不求, 何時得公? 『晋世家』

　　　만약 지금 움직이지 않으면 언제 공을 이루시겠습니까?

②-18 云何

"云何"는 방법과 정황을 묻는데 사용되고 있으며, 『史記』에서 최초로 나타난다. 현대 중국어 "怎麽", "怎麽樣" 혹은 "說甚麽"에 상당한다.

〔59〕　軍法期而後至者云何? 『司馬穰苴列傳』

　　　군법으로 약속시간에 늦은 자는 어떻게 처리하는가?

〔60〕　諸將云何? 『秦丞相世家』

　　　여러 장군들은 무슨 말을 했습니까?

〔61〕　人言云何? 『楚世家』

　　　사람들이 무슨 말을 하는가?

②-19 奈何

이 시기 쌍음절 의문대사로는 "何以"와 "奈何"가 가장 많이 사용된다. "奈何"는 방법을 묻기도 하고 원인, 목적을 묻는데 사용되기도 하였는데, 원인, 목적을 묻는 용법은 이 시기에 처음 사용되기 시작하였다.

〔62〕 爲之奈何? 『項羽本紀』
이일을 어떻게 하지?

〔63〕 是無奈我何? 『伍子胥列傳』
그것이 나를 어떻게 하겠소?

〔64〕 王曰, 取吾璧不予我城, 奈何? 『廉頗蘭相如列傳』
왕이 말하기를 우리의 벽을 취하고 우리에게 성을 주지 않으면 어찌하겠는가?

②-20 何如

방법, 정황을 묻는데 사용되었고 술어로 충당되었다.

〔65〕 君視季布何如人也? 『季布欒布列傳』
당신이 보기에 계포는 어떤 사람입니까?

〔66〕 君知張耳陳餘何如人也? 『張耳陳餘列傳』
당신은 장이와 진여가 어떤 사람인지 알고 있습니까?

②-21 如何

정황을 묻는데 사용되었다. 현대 중국어 "怎麼樣"에 해당된다.

〔67〕　敢問如何? 『樂書』

　　　감히 묻노니 어떻습니까?

②-22 奚如

역시 정황을 묻는데 사용되었다.

〔68〕　齊王奚如? 『燕召公列傳』

　　　제왕은 어떻습니까?

②-23 何如時

"何時"와 함께 시간을 묻는데 사용되었으나 사용횟수는 아주 적다. 현대 중국어 "多長時間"에 해당된다.[5]

〔69〕　其死何如時? 『扁鵲倉公列傳』

　　　죽은 지 얼마나 됐습니까?

5　　　王海棻(2001:131)

②-24 何~爲

"何~爲"는 일종의 고정격식으로 원인을 묻는데 사용되었다. "何"와 "爲" 사이에 주로 동사가 위치하여 동작행위의 원인을 묻는데 사용된다.[6]

〔70〕 人曰, 子卒也而將軍自吮其疽, 何哭爲? 『孫子吳起列傳』

사람들이 말하길, 아들은 졸병이다. 그런데 장군이 스스로 그의 종기를 빨아주었는데 무슨 까닭에 우는가?

〔71〕 必如公言, 卽奴事之耳, 又何戰爲? 『宋微子列傳』

반드시 공의 말과 같다면, 노예로 그를 섬기면 될 뿐이데 또 무슨 까닭에 싸우겠습니까?

〔72〕 夕時, 莊賈乃至, 穰苴曰, 何後期爲? 『司馬穰苴列傳』

저녁에 장가가 비로서 왔다. 양저가 이르길 어째서 약속보다 늦었소?

③ 選擇疑問文

選擇疑問文의 특징은 질문의 범위를 제시하여 상대로 하여금 선택할 수 있도록 한다는 것이다. 그러므로 特指疑問文과 비교할 때 일정한 범위성을 지니며, 是非疑問文과 비교해서는 모종의 선택성을 갖는다. 『史記』에 나타난 選擇疑問文은 2개의 형식으로 나눌 수 있는데, 즉 서로 보충관계에 있는 是非疑問文을 병

6   이 형식은 反問疑問文을 구성하는 고정격식 何以~爲와 흡사하지만, 그때의 "爲"가 동사로 쓰이는 반면, 特指疑問文에 쓰인 何~爲의 "爲"는 語氣詞로 사용된다.

렬시키는 형식과, 선행사 뒤에 의문대사를 사용한 형식으로 나눌
수 있다.

③-1 의문대사를 사용하지 않은 형식

A乎~B乎[邪]의 형식으로 고대 중국어에서 選擇疑問文을 구
성하는 일종의 고정격식이다. 이때 전후 선택항의 의미관계는
단순한 차이일 수도 대립 관계일 수도 있다.

〔73〕　秦之攻王也倦而歸乎? 王以其力尙能進愛王而不攻
　　　乎? 『平原君虞卿列傳』

　　　진이 조나라를 공격함에 지쳐서 돌아갑니까? 아니면 힘은 아직도 진격할 수 있

　　　는데 왕을 아껴서 공격하지 않습니까?

〔74〕　屬之于子乎? 屬之于我乎? 『孫子吳起列傳』

　　　그것이 자네에게 속하는가? 그것이 나에게 속하는가?

〔75〕　人生受命于天乎? 將受命于户邪? 『孟嘗君列傳』

　　　사람이 태어남에 하늘에서 명을 받습니까? 아니면 집에서 명을 받습니까?

〔76〕　秦誠愛趙乎? 其實憎齊乎? 『趙世家』

　　　진이 참으로 조를 아껴서 입니까? 아니면 제후를 이끌고 진을 깨려합니까?

③-2 의문대사를 사용한 형식

고대 중국어에서 선택을 표시하는 選擇疑問文에 사용되는 의문사로는 "孰"이 대표적이다. 『史記』에서는 "誰"과 "何" 또한 選擇疑問文에 사용되었다.[7] 이 형식에서 선행사는 선택의 범위를 명확하게 표시한다.

〔77〕 三子之才能, 誰最賢哉? 『滑稽列傳』

세 사람의 재능 중 누가 가장 뛰어난가?

〔78〕 兩人孰是? 『魏其武安侯列傳』

둘 중의 누구인가?

〔79〕 此兩策者相去遠矣, 二者大王何居焉? 『蘇秦列傳』

이 두 정책은 차이가 많은데, 두 가지 중 대왕은 어느 쪽을 택하시겠습니까?

④ 反復疑問文

고대 중국어에서 反復疑問文은 文末에 부정부사 "不", "否", "無", "未", "非" 등을 덧붙이는 형식이다. 『史記』에서는 "不", "非", "無"를 사용하여 反復疑問文을 구성하고 있다.

〔80〕 子亦思寡人不? 『張議列傳』

그대 역시 과인을 생각하는가, 생각하지 않는가?

---

7   이처럼 선택을 표시하는 경우에 "孰" 외에도 "誰" 등이 사용되었다는 사실 또한 "孰"
이 점차 소실되어 간다는 증거로 볼 수 있다.

〔81〕 　視吾舌尙在不? 『張議列傳』

　　　 보시게 내 혀가 아직 있는지, 없는지?

〔82〕 　丞相可得見不? 『秦始皇本紀』

　　　 승상을 알현할 수 있는지요?

〔83〕 　余甚惑焉, 儻所謂天道是邪非邪? 『伯夷列傳』

　　　 난 몹시 의혹을 가진다, 이른바 천도란 옳은 것인지, 그른 것인지?

〔84〕 　慾破趙之軍乎不邪? 『平原君虞卿列傳』

　　　 조의 군대는 깨려하는가, 아닌가?

〔85〕 　怨邪, 非邪? 『伯夷列傳』

　　　 원망하는가, 아닌가

〔86〕 　有其書無有? 『扁鵲倉公列傳』

　　　 그런 책이 있소, 없소?

反復疑問文에서는 일반적으로 문미에 語氣詞를 사용하지 않지만, 때로 語氣詞 "乎"와 "邪"가 사용되기도 한다.

(2) 推測疑問文

推測疑問文은 화자가 모종의 판단 혹은 모종의 행위나 사건에 대해 추측할 때 사용된다. 비록 화자의 심중에 이미 분명한 생각을 지니고 있지만 아직 여기에 대해 완전한 긍정을 할수 없는 상태에서 질문을 하는 것으로 그 목적은 청자로 하여금 그것을 긍정해줄 것을 요구하거나 혹은 상대방의 의견을 구하는 것에 있다. 『史記』에서는 추측을 표시하는 일련의 부사와 文末語氣詞가 앞뒤로 호응되는 형식이 사용되고 있다.

① 其~乎[邪]

推測疑問文을 구성하는 대표적인 부사가 "其"이다. 『史記』에서는 "其"와 語氣詞 "乎", "邪"가 호응되는 형식이 사용되고 있다.

〔87〕 我世當有興者, 其在昌乎? 『周本紀』
우리 집안에 마땅히 흥하게 할 인물이 있어야 하는데, 아마도 창이겠지?

〔88〕 孔子之所謂聞者, 其呂子乎? 『呂不韋列傳』
공자께서 말씀하신 바의 문이란 아마 여불위를 가리키는 것이겠지?

〔89〕 必也其神明, 其此之謂乎? 『龜策列傳』
반드시 그 신명스러움을 발휘함이 아마 이것을 말하는 것일까?

〔90〕 大業之後在晉絶祀, 其趙氏乎? 『趙世家』
대업을 이룬 후 진에서 후시를 끊을 사람은 아마도 조씨이겠지?

〔91〕 其萬石建陵張叔之謂邪? 『萬石張叔列傳』
만석, 건릉, 장숙과 같은 이를 말하는 것인가?

② 豈~邪

"豈"는 주로 反問疑問文에 사용되는 부사지만, 때때로 추측을 표시하는 용법으로 사용된다. 『史記』에서는 文末語氣詞 "邪"와 앞뒤로 호응되는 형식으로 사용되어 추측을 표시하고 있다.

〔92〕　道不同不相爲謀, 豈謂是邪? 『老子韓非列傳』

도가 같지 않으면 함께 일을 계획할 수 없다는 것은 아마 이를 일컫는 것인가?

〔93〕　美好者不祥之器, 豈謂扁鵲等邪? 『扁鵲倉公列傳』

아름답고 좋은 것은 상서롭지 못한 그릇이다라고 한 것은 아마 편작같은 이를

일컫는 것인가?

〔94〕　漢後五十年東南有亂者, 豈若邪? 『吳王濞列傳』

한나라에서 앞으로 50년 이내 동남쪽에서 난을 일으킬 자가 있다면 아마 너일테지?

③ 幾~乎

『史記』에서 "幾"는 주로 特指疑問文에서 수량을 묻는 용도로 사용되었지만, 이처럼 文末의 語氣詞와 호용되어 가벼운 추측을 표시하기도 한다.

〔95〕　人相我當刑而王, 幾是乎? 『黥布列傳』

어떤 사람이 나의 관상을 보고 형벌을 받고 후에 왕이 된다고 했는데, 이 일을 두

고 한 말인가?

④ 殆~乎

추측어기를 표시하는 부사로서, 현대 중국어 "大槪", "恐怕"에 해당된다. 문말에 語氣詞 "乎"와 앞뒤로 호응된다.

〔96〕　勝好勇而陰求死士, 殆有私乎? 『伍子胥列傳』

승은 용맹해서 몰래 군사를 모으고 있는데, 아마 음모가 있을걸?

⑤ 儻~乎

"儻"은 추측을 표시하는 부사로 쓰였고, 현대 중국어 惑許, 可能에 해당된다.[8]

〔97〕 　即使辨武隨而說之, 儻可僥幸甚得一乎? 『淮南衡山列傳』
변사를 수행가게 하여 그들을 설득한다면 요행히 열에 하나쯤 얻을 수 있겠지?

⑥ 得無~乎

"得無"는 추측을 표시하는 부사로서 현대 중국어의 "該不會", "恐怕", "大概"에 해당한다.

〔98〕 　先生得無誕之乎? 『扁鵲倉公列傳』
아마도 선생님이 남을 속이려는 것은 아니겠지?

〔99〕 　高帝曰, 得無難乎? 『劉敬叔孫通列傳』
고조가 말하길, 아마 어렵지 않을까?

⑦ 得母~乎

"得母" 역시 "得無"와 마찬가지의 뜻을 가지며 추측을 표시한다. 이러한 형식은 고대 중국어에서 추측을 표시하는 일종의 고정격식으로, 易孟醇[1989:350]은 이 형식은 다시 표시하고자 하는 동작행위의 방향이 긍정이냐 부정이냐에 따라 2종으로 구분할

8　　向熹 외(1996:666)참조

수 있으며, 전자는 "大概", "莫非"로, 후자는 "大概沒有", "該不會"로 번역할 수 있다고 설명하고 있다.

〔100〕 公得毋誤乎? 『梁孝王世家』
아마도 당신이 틀렸겠지?

03. 漢代 疑問文의 變化와 發展

이상 『史記』에 사용된 의문문을 살펴봄으로서, 漢代의 의문문은 先秦時期의 의문문과 비교해서 적지 않은 변화를 거쳤다는 것을 알 수 있다. 다시 말해 의문문을 구성하는 구성요소, 즉 語氣詞와 疑問代詞, 推測副詞 등에 있어 변화가 발생했다는 것인데, 구체적으로 어떤 것은 소실되고 혹은 새로 생겨나는 상황과, 그 사용범위, 사용횟수 등의 변화로 정리될 수 있다. 또한 몇 가지 어법기능상의 변화도 눈에 띈다.

첫째, 是非疑問文을 구성하는 疑問語氣詞에서 先秦時期에 자주 사용되던 "諸", "矣" 등의 語氣詞가 사용되지 않았고, "也"가 단독으로 쓰여 의문을 표시한 예도 극히 적었다. 즉 『史記』의 是非疑問文에서는 "乎"와 "邪", "與"가 주로 사용되었다. 따라서 『史記』 是非疑問文에 사용된 疑問語氣詞는 전대에 비해 상당 정도 조정되고 簡化되었다고 할 수 있다.

둘째, 特指疑問文을 구성하는 의문대사에 이르면 그 변화양상이 더욱 뚜렷하다. 『史記』 전편에 걸쳐서 가장 많이 사용되고 또 의문의 범위가 넓은 의문대사는 "何"인데, 이 시기 "何"는 介詞의 빈어로 쓰일 때, 介詞의 뒤에 위치하는 용법이 나타났다. "孰"의 급격한 쇠퇴도 두드러지는 변화인데, 즉 "誰"의 사용이 확대됨으로서 "孰"이 점차 도태되는 양상이 보인다. 시간을 표시하는 의문대사에 있어서도 先秦時期에 사용되던 "曷", "奚" 등은 이 시기에는 사용되지 않았고 "何時"와 "何如時"가 사용되었다. 정황을 묻는 "云何"는 이 시기 새롭게 나타난 의문대사이고, "奈何"가 원인, 목적을 묻는 용법에 사용된 것도 새로운 변화로 볼 수 있다. 그밖에 수량을 표시하는 "幾何"는 술어뿐 아니라 관형어로도 사용되었다. 마지막으로 지적할 만한 것은 쌍음절 형식의 의문대사가 많이 보인다는 점이다. 즉 先秦時期의 대다수 의문대사가 단음절이었던 것에 비해 이 시기에 이르면 쌍음절로 구성된 의문대사가 많이 사용되고 있다. 이는 漢代에 이르러 뚜렷이 진행된 중국어 詞彙의 쌍음절화 추세를 그대로 반영하고 있는 것으로 여겨진다.

셋째, 反復疑問文과 選擇疑問文의 경우는 先秦時期에 비해 다양한 형식으로 나타난다는 점도 주목된다. 가령 『論語』와 같은 先秦文獻에서는 反復疑問文이 나타나지 않는데 비해 『史記』에서는 "不"와 "非"를 사용한 反復疑問文이 다수 출현한다. 또한 先秦時期 選擇疑問文에서는 주로 의문대사 "孰"이 전용되었던 것에 비해, 이 시기에는 "誰" 등도 選擇疑問文에 사용되었다.

넷째, 推測疑問文에서는 先秦時期에 비해 보다 다양한 어기부사가 사용되고 있다. 先秦時期에서부터 계속 사용되던 부사

외에도, 주로 반문을 표시하는 부사 "豈"가 간혹 추측을 표시하는 경우로 사용되었고, 주로 수량을 표시하는 "幾" 또한 추측을 표시하는 부사로 사용되기도 하였다.

04. 小結

본문은 이상으로 漢代의 역사거작 『史記』에 나타난 의문문을 일별 한 후, 각 의문문을 구성하는 구성요소를 중심으로 그 용법과 특징을 살펴보았고, 나아가 先秦時期 의문문과의 비교를 통해 이 시기 의문문의 변화상황을 간략히 논하였다. 분석한 결과를 다시 정리하면 아래와 같다.

『史記』에 나타난 是非疑問文은 "乎", "邪", "與", "也", "也歟" 5개의 疑問語氣詞를 사용했고, 그 중 "乎", "邪", "與"가 주를 이루었다.

特指疑問文의 경우, 24개의 의문사가 사용되었고, 또한 문말에 語氣詞와 자주 互用되는 형식을 취하고 있다. 사람을 묻는 의문사로는 "誰"와 "孰", "疇"가 사용되었고, 처소를 묻는 의문사로는 "安", "焉", "何所", "安所" 등이 사용되었고, 시간을 묻는 경우에는 "何時", "何如時"가 사용되었다. 그밖에 상황을 묻는 경우엔 "何以", "何如", "如何", "何~爲" 등이 사용되었고, 방법을 묻는 경우엔 "云何", "奈何" 등이, 원인을 묻는 경우엔 "何", "奚", "胡", "曷", "何以", "何故" 등이 사용되었다. 수량을 묻는 경우엔 "幾"와 "幾何" 등이 사용되었다. 特指疑問文에 사용된

각 의문대사는 文末에 語氣詞와 앞뒤로 호응되어 사용하는 경우가 많았다.

反復疑問文의 경우 文末에 부정부사 "不", "非", "無"를 사용한 형식이 사용되었고, 推測疑問文의 경우는 추측을 표시하는 다양한 副詞와 語氣詞가 앞뒤로 互用되었다.

『史記』에 나타난 이 시기 의문문은 先秦時期와 비교해서 일정한 변화를 겪었는데, 是非疑問文을 구성하는 疑問語氣詞의 조정과 간화, 特指疑問文을 구성하는 의문대사의 변화, 또한 의문대사의 쌍음절화 등과 反復疑問文, 推測疑問文의 다양화 등으로 정리될 수 있다.

〈참고문헌〉

司馬遷, 『史記』, 中華書局

向熹 외, 『簡明古漢語字典』, 四川人民出版社, 1996

孫錫信, 『漢語歷史語法要略』, 復旦大學出版社, 1992

─────, 『近代漢語語氣詞』, 語文出版社, 1997

易孟醇, 『先秦語法』, 湖南敎育出版社, 1989

王海芬, 『古漢語疑問範疇詞典』, 江蘇敎育出版社, 2001

李佐豊, 『古代漢語語法學』, 商務印書館, 2004

賈齊華, 「疑問句尾的"爲"詞性演變探略」, 中國語文, 2003, 第5期

王海芬, 「先秦疑問代詞"誰"與"孰"的比較」中國語文 1982 第1期

林裕文, 「談疑問句」, 中國語文, 1985, 第2期

趙振鐸, 「論先秦兩漢漢語」, 古漢語研究, 1994, 第3期

貝羅貝·吳福祥, 「上古漢語疑問代詞的發展與演變」, 中國語文, 2000, 第4期

拙稿, 「『論語』疑問文 硏究」, 연세대학교 석사학위 논문, 2001

2장 古代漢語 語氣詞의 역사궤적

『史記』 語氣詞를 중심으로

01. 序論

語氣詞란 진술, 의문, 감탄, 명령 등 각종어기를 표시하는 虛詞로서, 語氣詞의 풍부함과 그 다양한 활용은 중국어의 두드러진 특징 중 하나이다. 다시 말해 중국어 語氣詞는 그 종류가 다양하고 응용이 풍부하며, 문장 안에서 다양한 어기를 표시하는 기능을 수행한다.[9] 따라서 語氣詞에 대한 이해는 중국어 본연의 특징을 좀 더 깊이 있게 이해할 수 있다는 측면에서 중요한 의의가 있다. 語氣詞는 문장에서의 위치에 따라 文頭, 文中, 文末語氣詞로 나눌 수 있는데, 주요하게는 文末에 위치한다. 특히 현대 중국어에서의 語氣詞란 모두 이 文末語氣詞에 해당된다.[10] 현대 중국어와 비교했을 때, 고대 중국어의 語氣詞는 수량과 그 사

---

9   어기란 매우 추상적이고 복잡하며, 화자의 심리상태와도 밀접한 관계가 있다. 語氣詞 역시 단지 어기를 표시하는 하나의 수단이라는 점을 유의해야 한다.

10   본 논문에서 다루는 語氣詞 역시 文末語氣詞에 국한한다. 이하 사용되는 語氣詞라는 명칭은 모두 文末語氣詞에 해당된다.

용양상이 훨씬 풍부하고 복잡하다. 먼저 수량 면에서 고대 중국어의 語氣詞는 현대 중국어에 비해 월등히 많고 그 착종관계 역시 훨씬 복잡하다. 다시 말해 古代 中國語에서는 하나의 語氣詞가 다양한 어기를 표시할 수 있었고, 여러 개의 語氣詞들이 하나의 같은 어기를 표시할 수도 있었다. 또한 두 개, 혹은 두 개 이상의 語氣詞들이 서로 連用되어 사용되는 현상도 빈번하게 나타난다. 고대 중국어는 현대 중국어의 原流로서 따로 떼어내서 거론할 수 없다는 점을 인식할 때, 중국어의 역사변화에 주목하는 일은 매우 중요하다. 語氣詞 역시 다른 여러 품사와 마찬가지로 오랜 시간 동안 꾸준한 변화와 발전을 거쳐 오늘에 이르고 있다. 따라서 語氣詞에 대한 종합적이고 체계적인 이해를 위해서는 중국어의 변화와 발전의 배경 위에서 語氣詞의 역사궤적을 고찰해야 한다.

본 논문은 漢代의 주요한 역사문헌 『史記』를 대상으로 그 안에 사용된 語氣詞를 체계적으로 정리, 분석하고, 先秦時期 및 魏晉南北朝時期의 語氣詞들과의 비교를 통해 중국어 語氣詞의 변화상을 고찰하고자 한다. 『史記』에는 다양한 語氣詞들이 사용되고 있고, 각 語氣詞들이 표현하는 어기 또한 매우 복잡하다. 『史記』 語氣詞에 대한 공시적 분석과 더불어, 語氣詞의 역사변화를 동시에 고찰함으로서 중국어 語氣詞에 대한 보다 깊이 있는 이해에 도움을 줄 수 있을 것으로 생각된다.

02.『史記』에 사용된 語氣詞와 각 語氣詞의 용법

『史記』에는 모두 25개의 語氣詞가 사용되었는데, "也", "乎", "矣", "焉", "耳", "邪", "歟", "與", "者", "夫", "哉", "已", "爾", "而已", "也歟", "也哉", "也夫", "也已", "焉耳", "矣哉", "矣夫", "已矣", "乎哉", "而已矣", "而已也"가 그것이다. 각 語氣詞는 다시 다양한 어기를 표시한다. 각각의 용법을 기술하면 아래와 같다.

(1) 也

"也"는 역대 문헌 중 가장 많이 사용되는 語氣詞로서, 표시할 수 있는 어기 또한 매우 광범위하다.[11] 그러나 그것의 주요한 용법은 역시 객관적 사실에 대한 판단이나 확인이다. 也는 西周金文에는 보이지 않고 戰國 이후의 문헌부터 많이 나타나고 있다. 『史記』에서는 판단, 휴지, 의문, 반문, 명령, 감탄 등의 다양한 어기를 표시하는 데 사용되었다.

① 판단

屈原者, 名平楚之間姓也 『屈原賈生列傳』

굴원은 이름이 평이고, 초나라와 성이 같다

---

11 楊伯峻의 통계에 의하면, 『論語』에 사용된 語氣詞 "也"는 결정 및 종결, 휴지, 의문 (앞에 의문사가 쓰인 경우와 의문사 없이 단독으로 의문을 표시하는 두 종류) 등을 표시하는 데 사용되고 있다.

② 휴지[12]

民之有口也, 猶土之有山川也 『周本紀』

백성들이 입을 가지고 있는 것은, 마치 대지가 산과 하천을 가지고 있는 것과 같다

③ 의문

『史記』에서 "也"가 의문을 표시하는 경우는 대개 앞의 의문사와 호응된다. 의문사 없이 단독으로 의문을 표시한 경우는 아주 드물다.[13]

今天下已定, 又何也? 『樊酈滕灌列傳』

지금 천하가 다 평정되었는데, 어째서 고달프십니까?

④ 반문

"也"가 반문을 표시하는 경우, 앞에 "豈" 등과 같은 반문을 표시하는 부사와 호응된다.

古固有不拉兮, 豈知其故也? 『屈原賈生列傳』

예로부터 진실로 때를 같이 하지 못했는데, 어찌 그 까닭을 알겠는가?

---

12   휴지의 작용을 하는 "也"는 한편으로는 어음을 정돈하고, 한편으로는 이어지는 문장을 이끈다. 그러므로 문장의 기세를 변화 있게 하고 생동감 있게 만든다. 楊伯峻, 何樂士(2001: 854) 참조.

13   단독으로 의문을 표시한 경우는 다음과 같다. 此乃鹿也? 『李斯列傳』

⑤ 명령(금지)

"也"가 일반적인 진술문에 사용될 경우 그 어기가 그다지 강렬하지 않지만, 명령문이나 감탄문에 사용될 경우에는 강렬한 어기를 표시할 수 있다.[14]

公子有德於人, 願公子忘之也 『魏公子列傳』
공자께서 남에게 은덕을 베푸셨는데, 그것을 잊으시기 바랍니다

⑥ 감탄

美乎哉, 山河之固, 此魏國之寶也! 『孫子吳起列傳』
참으로 아름답도다, 산하의 험고함이, 이것이 위나라의 보배로다!

(2) 乎

"乎"는 古代漢語에서 의문을 표시하는 대표적인 語氣詞다. 『尙書』, 『詩經』 중에 조금씩 사용되기 시작하였고, 점차 사용이 많아져 先秦時期 여러 전적에 대량으로 사용되었다. 『史記』에서 乎는 일반적 의문어기뿐 아니라 반문, 추측, 선택 등의 의문어기를 표시하는 데 사용되었으며, 감탄어기를 표시하는 데에도 사용되었다.

---

14   孫錫信(1997:9)

① 의문

『史記』에서 의문을 표시하는 乎가 쓰인 형식은 앞의 의문사와 호응된 경우와 의문사 없이 乎가 단독으로 의문을 표시한 경우로 나눌 수 있다.[15]

某子甲何爲不來乎?『田叔列傳』

아무개의 아들 아무개는 왜 오지 않는가

② 반문

奈何與人隣國愛一女子乎?『匈奴列傳』

어찌 이웃나라 사람들과 더불어 살면서 여자 하나를 아끼겠는가?

③ 추측[16]

子産去我死乎?『循吏列傳』

자산이 우리를 버리고 죽었을까?

---

15 "乎"가 단독으로 의문을 표시한 예를 들어보면 다음과 같다. "爾忘句踐殺爾父乎?" 『伍子胥列傳』

16 추측을 표시하는 경우도 두 가지로 나눌 수 있다. 즉 앞의 추측을 표시하는 일련의 부사와 호응되는 경우와 "乎"가 단독으로 추측을 표시하는 경우가 있다. 전자의 예를 들면 다음과 같다. "人相我當刑而王, 幾是乎?" 『黥布列傳』

④ **선택**[17]

秦之政王也, 倦而歸乎, 王以其力尚能進, 愛王而弗政乎?

『平原君虞卿列傳』

진나라가 왕을 공격하다가 지쳐서 돌아갔다고 생각하십니까? 아니면 계속 공격할 힘이

있는데도 왕을 아껴서 공격을 그만두었다고 생각하십니까?

⑤ **감탄**

惜乎! 子不遇時 『李將軍列傳』

애석하도다! 그대가 때를 잘못 만난 것이

(3) 矣

"矣"는 古代漢語에서 출현율이 가장 높은 語氣詞 중 하나로서
戰國時期 문헌부터 많이 사용되기 시작했다. 그 기본용법은 이
미 실현된 사실의 어기를 표시하는 것이다. 『史記』에서는 그러한
실현의 어기 외에도 명령과 감탄, 의문의 어기를 표시하는 데 사
용되었다.

---

17   A乎~B乎 문형으로, 고대 중국어에서 선택의문문을 표시하는 대표적 형식이다.

① 실현[18]

言道德者, 溺其職矣 『酷吏列傳』

도덕을 말하는 사람들도 직무에 빠져있을 따름이었다

② 명령

"矣"는 명령의 어기를 표시하기도 하는데, 이때 "矣"는 현대 중국어 "罷" 정도로 볼 수 있다.[19]

追而不及, 不當伏罪, 子其治事矣 『循吏列傳』

뒤를 쫓았으나 미치지 못하니 그대는 일을 계속하라

③ 감탄

湯德至矣! 及禽獸 『殷本紀』

탕의 은덕은 지극하도다! 금수에까지 미치니

④ 의문

先生處勝之門下, 幾年于此矣? 『平原君虞卿列傳』

당신이 여기서 산지 지금까지 얼마나 되었는가?

---

18   "矣"는 동사술어 뒤에 사용될 뿐만 아니라, 형용사술어 뒤에 사용되어 어떤 상황이 출현했음을 표시하기도 한다. 예를 들면 다음과 같다. 及羽背關懷楚, 放逐義帝而自立, 愿王侯叛己, 難矣.『項羽本紀』

19   楊伯峻(2000:268)

⑷ 焉

"焉"은 지시작용이 있는 語氣詞로서 일반적으로 제시의 어기를 표시한다.[20] 『尙書』, 『詩經』 등에 이미 많이 사용되었고 기타 先秦典籍에도 그 용례가 많다. 『史記』에서는 제시의 어기 외에도 의문과 반문의 어기를 표시하는 데에도 사용되었다.[21]

① 제시(제기)

仲子所欲報讎者爲誰, 請得從事焉 『刺客列傳』

당신이 원수를 갚고자 하는 자는 누구입니까, 제가 할 수 있기를 청합니다

② 의문(선택)

此兩策者相去遠矣, 二者大王何居焉? 『蘇秦列傳』

이 두 가지 정책은 서로 차이가 많은데, 두 가지 중 대왕께선 무엇을 선택하시겠습니까?

---

20   郭錫良(1997:64)는 지시(指代)와 제시(提示)는 상통되며 "焉"의 제시어기는 그것의 지시작용이 허화되어 온 것이라고 설명하고 있다.

21   先秦時期에 사용된 焉은 대부분 兼詞용법과 語氣詞의 용법이 혼재했다. 楊伯峻, 何樂士(2001:858-862)의 설명처럼 『史記』에 이르러서는 "焉"의 兼詞용법이 다른 어법형식으로 점차 대체되어 갔고, 語氣詞로 전용되기 시작한다. 이 또한 先秦時期에서 漢代로 변화하는 과정에서 발생한 커다란 변화로 볼 수 있다.

③ 반문[22]

必受命于天, 君何成焉? 『孟嘗君列傳』

반드시 하늘로부터 생명을 받는 것이라면, 당신은 무엇을 근심하십니까?

(5) 耳

"耳"는 "而已"에 상당하는 어기사로서 대체로 한정의 어기를
표시하고, 때로 긍정, 강조의 어기를 표시하기도 한다. 『尙書』,
『詩經』 등에는 아직 사용되지 않았고 戰國時期 문헌에 가끔 그
사용이 보인다. 『史記』에서는 한정의 어기와 긍정(완결)의 어기를
표시하는데 사용되었다.

① 한정

此是家人言耳 『儒林列傳』

이것은 가인들의 말일 뿐입니다

② 완결

臣乃今日請處囊中耳 『平原君虞卿列傳』

저는 오늘에서야 선생의 주머니에 있기를 청합니다

---

22   "焉" 자체가 의문이나 반문의 어기를 이끄는 것은 아니다. 즉 직접적으로 어기를 표
현하는 것은 앞쪽의 의문사나 반문을 표시하는 부사이다. 이때 "焉"은 앞의 성분들과
배합되어 그러한 어기를 두드러지게 하는 역할을 한다.

(6) 與

"與"는 의문을 표시하는데 주로 쓰이며,『論語』,『左傳』등의
문헌에 처음 보인다.『史記』에서는 각종 의문을 표시하는데 사용
되었다.

① 의문

王聞燕太子丹入質秦與? 『田叔列傳』

대왕께서는 연나라 태자 단이 진나라에 인질로 간다는 것을 들으셨는지요?

② 반문

夫人生百體堅彊, 手足便利, 耳目聰明而心聖智, 豈非士之願
與? 『範睢蔡澤列傳』

사람이 세상에 태어난 이상, 신체건강하고 팔다리 성하고 귀, 눈 밝고 마음은 지혜로워지
는 것이 선비된 사람의 소원이 아니겠습니까?

③ 추측

其是吾弟與? 『刺客列傳』

아마도 내 동생이겠지?

(7) 邪

"邪"는 "與"와 함께 주로 각종 의문어기를 표시하는 데 사용되고 戰國中期 이후의 문헌에 그 최초의 용례가 발견된다.[23]『史記』에서도 여러 가지 의문을 표시하는 데 사용되었다.

① 의문

子則自以爲有罪, 寡人亦有罪邪? 『循吏列傳』

그대는 스스로 죄가 있다고 하는데, 과인도 죄가 있습니까?

② 반문

文帝曰, 吏不當若是邪 『張釋之馮唐列傳』

문제가 말하였다. 관리란 마땅히 이와 같아야 하지 않겠는가?

③ 반복

公以爲吳興兵是邪, 非邪? 『淮南衡山列傳』

공은 오나라가 군사를 일으킨 것이 옳다고 생각하는가? 옳지 않다고 생각하는가?

---

23   "與"와 "邪" 둘 모두는 의문을 표시하는 대표적 어기사인데, 상고음 역시 비슷하다. 그런데 주목되는 점은 어떤 문헌에서는 與를 주로 쓰고 邪를 적게 혹은 안 쓰는 경우가 있고, 또는 반대의 상황이 존재한다는 점이다. 이는 아마도 방언과 연관되는 상황이거나 양자 간의 사용시기가 달랐을 것으로 추측된다. 郭錫良(2000:67-68)참고.

④ 추측

其萬石, 健陵, 張叔之謂邪 『萬石張叔列傳』

만석, 건릉, 장숙과 같은 이를 일컬으신 것인가?

(8) 歟

"與"와 "歟"는 古今字로서 먼저 "與"를 썼고, 나중에 "歟"를 썼다. 『史記』에서는 추측을 표시하는 데 사용되었다.

① 추측

子非三閭大夫歟? 『屈原賈生列傳』

그대는 삼려대부가 아니던가?

(9) 哉

"哉"는 기원이 가장 이른 語氣詞로서 西周時期에 이미 용례가 발견된다. 초창기의 용법은 모두 감탄어기를 표시하는 데 사용되었다. 『史記』에서는 의문, 반문, 감탄 등을 표시하는 데 사용되었다.

① 의문

汲黯何如人哉? 『汲鄭列傳』

급암은 어떤 사람인가?

② 반문

妾主豈可同坐哉? 『袁盎晁錯列傳』

첩과 본부인이 어찌 같은 자리에 앉을 수가 있겠습니까?

③ 감탄

嗟乎! 冤哉亨也 『淮陰侯列傳』

아, 원통하도다! 이렇게 죽다니!

(10) 者

"者"는 본래 지시작용이 있지만 그 의미가 허화되어 어기사로 쓰이게 되었다. 『孟子』, 『禮記』 등의 先秦文獻에 두루 쓰이기 시작했다. 『史記』에서는 휴지, 가설, 추측, 의문 등을 표시하는 데 사용된다.

① 휴지

漢王所以具知天下阨塞, 户口多少, 彊弱之處, 民所疾苦者, 以何具得秦圖書也 『蕭相國世家』

한왕은 천하의 산새와 요새, 호구의 많고 적음, 재력의 분포, 민중의 질고 등을 모두 알고 있었는데, 이는 소하가 진나라의 문서를 완전하게 손에 넣었기 때문이었다

② 가설

壽畢, 請以劍舞, 因擊沛公於坐, 殺之. 不者, 若屬皆且爲所虜

『項羽本紀』

축수를 마친 뒤 검무를 출 것을 청하라. 그러다가 기회를 보아 패공을 앉은 자리에서 죽여라. 그렇지 않으면 그대들은 장차 패공에게 포로가 될 것이다

③ 추측

于是公子立自責, 似若無所容者 『魏公子列傳』

그러자 공자가 즉시 자책하며 부끄러워 어쩔 줄 몰라 하는 것 같았다

④ 의문

君卽百歲後, 誰可代君者? 『蕭相國世家』

그대가 만약 죽는다면 누가 그대를 대신할 수 있겠는가?

(11) 夫

『史記』에서 "夫"는 감탄과 의문을 표시하는 데 사용되었다. 고대 중국어에서 감탄어기를 표시하는 대표적인 語氣詞가 "哉"와 "夫"인데, 의미상의 차이가 있다. 즉 "哉"는 순수한 감탄어기를 표시, 강렬하고 명확한 감탄어기를 표시한다. 반면, "夫"는 애석함, 혹은 영탄을 표시하는 데 주로 사용된다. 따라서 "夫"가 표시하는

감탄어기는 "哉"에 비해 다소 완만하고 나지막하다.[24] 『史記』에서는 감탄의 용법 외에 의문을 표시하는 데에도 사용되었다.

① 감탄

汲鄭亦云, 悲夫! 『汲鄭列傳』

급암과 정당시 또한 이러하니 슬프도다!

② 의문

吾歌, 可夫? 『孔子世家』

내가 노래로 답하여도 괜찮겠는가?

(12) 已

"已"는 『尙書』에 최초의 용례가 보인다. 일반적으로 진술문에 사용된다. "已"는 본래 동사로서 정지, 종결의 의미를 지닌다. 語氣詞로 쓰여서도 주로 완료나 종결의 어기를 표시한다. 그 밖에도 단정의 어기를 표시하는 데에도 사용되었다.

① 단정

古布衣之俠, 靡得而聞已 『遊俠列傳』

옛날 서민의 협객에 대해서는 들을 수가 없다

---

24   郭錫良(1997:69-70)참조.

② 완료

雖舜禹復生, 弗能改已 『范睢蔡澤列傳』

비록 순임금과 우임금이 다시 태어난다 해도 이일은 고칠 수 없는 것입니다

(13) 爾

"爾"는 본래 指示代詞로서 "如此"의 의미를 지니는데, 文末에 쓰이게 되면서 指代의 작용은 점차 허화되었고 어기사로 변하게 되었다. 『論語』, 『孟子』 등의 선진문헌에 용례가 보인다. 語氣詞로 쓰인 "爾"는 "耳"와 마찬가지로 한정의 어기를 표시한다.[25]

① 한정

昭帝立時, 年五歲爾 『外戚世家』

소제가 제위에 올랐을 때는 나이가 겨우 5세였다

---

25 "耳"와 "爾"의 용법에는 공통점과 차이점이 동시에 존재하는 데, 공통점으로는 둘 모두 한정을 표시할 수 있고 이때 "而已"의 의미에 상당한다는 점과, 둘 모두 긍정어기를 표시할 수 있으며 이때는 "呢"에 상당한다는 점이다. 다른 점으로는 "耳"는 의문문에 사용되지 않지만 "爾"는 의문문에 사용된다는 점이다. 孫錫信(1999:12)참조.

(14) 而已

語氣詞 "而"와 "已"의 연용으로, "耳"와 같은 용법으로 쓰여 한정의 어기를 표시한다. 이는 현대 중국어에도 동일하게 사용된다. 先秦時期의 문헌에서는 "而已"가 語氣詞로 쓰인 예가 발견되지 않는다. 이에 비추어볼 때 "而已"는 漢代에 이르러 사용된 것으로 보인다. 『史記』에 "而已"는 29회 사용되었고 모두 한정의 어기를 표시하고 있다.

① 한정

人臣奉法遵職而已 『衛將軍驃騎列傳』

신하란 국법을 받들고 직책을 준수하면 그뿐이다

(15) 也已

"也"와 "已"는 둘 다 주로 진술어기를 표시하는데 사용되는 語氣詞다. 그 중에서 "也"는 주로 판단어기를, "已"는 한정어기를 표시한다. 『左傳』, 『論語』, 『戰國策』 등의 문헌에 얼마간의 용례가 보인다. 『史記』에서는 3회 사용되었는데, 즉 판단어기를 포함한 한정어기를 표시한다고 볼 수 있다.

① 한정

吾昔從夫子遇難於匡, 今又遇難於此, 命也已 『孔子世家』

내 이전에 선생님을 모시고 광에서 난을 당했었는데, 오늘 또다시 여기서 위험에 부딪히

니 실로 운명일 뿐이다

(16) 也歟

"也歟"는 의문이나 정돈의 어기를 표시한다. 즉 주로 판단을
표시하는 "也"와 의문을 표시하는 "歟"가 연용된 경우로, 『史記』
에서는 의문을 표시하는 데 사용되었고 3회의 용례가 보인다.

① 의문

斯乃家給人足, 刑錯之本也歟? 『平津侯主父列傳』

이것이 바로 백성들이 풍족하여 형벌이 필요 없게 되는 근본인가?

(17) 焉耳

어기의 중심은 역시 "耳"에 있으며, 한정의 어기를 표시한다.
先秦時期 문헌에는 보이지 않는다. 1회 사용되었다.

① 한정

胎生者不殰而卵生者不殈, 則樂之道歸焉耳. 『樂書』

태로 나는 동물이 유산하지 아니라고, 알로 태어나는 동물이 죽지 아니하니 음악의 도에

돌릴 수 있을 뿐이다

(18) 已矣

한정을 표시하는 "已"와 판단을 표시하거나 시태를 표시하는 "矣"가 연용되어 판단단정의 어기를 표시한다. 『論語』, 『孟子』, 『左傳』 등의 문헌에 용례가 보인다. 『史記』에는 20회 사용되었다.

① 판단

吳楚擧大事而不求孟, 吾知其無能爲已矣 『遊俠列傳』

오, 초나라는 대사를 거행하면서 극맹에게 구하지 아니하였으니, 나는 그들이 할 수 없다

는 것을 확실히 알겠다

(19) 矣夫

"矣"는 진술을 표시하는데 주로 사용되는 語氣詞지만, "矣" 역시 감탄을 표시할 수 있다. 여기에 감탄을 표시하는 "夫"가 연용되어 감탄의 어기를 더욱 가중시킨다. 『論語』, 『莊子』, 『左傳』 등에 약간의 용례가 보인다. 『史記』에는 1회 사용되었다.

① 감탄

河不出圖, 雒不出書, 吾已矣夫! 『孔子世家』

옛날처럼 황하에서 다시는 용이 도판을 메고 나타나지 않고, 낙수에서 다시는 거북이 서

판을 지고 나타나지 않으니, 나의 희망도 이제는 끝났는가 보다!

(20) 也夫

"也夫"는 긍정이나 감탄의 어기를 표시한다. 즉 여기서 "也"는 진술의 어기를, "夫"는 감탄어기를 각각 담당하며 어기의 중심은 역시 "夫"에 있다. "也夫"는 『左傳』, 『論語』, 『孟子』 등의 문헌에 다소 사용된 예가 있다. 『史記』에서는 8회 사용되었다.

① 감탄

是余之罪也夫!, 是余之罪也夫! 『太史公自序』

이것은 내 죄로다! 이것은 내 죄로다!

(21) 矣哉

감탄을 표시하는 "哉"와 진술어기의 "矣"가 연용된 경우로, 역시 감탄어기를 표시한다. 郭錫良[1997:71]은 감탄어기의 語氣詞가 마지막에 나타나는 연용방식이 가장 흔하다고 설명한다. 감탄을 표시하는 대표적인 語氣詞 "哉"는 진술어기의 語氣詞 "也", "矣"와 의문어기의 語氣詞 "乎", "與" 등과 결합되어 사용된다.

『左傳』, 『荀子』 등의 先秦文獻에 용례가 보인다. 『史記』에서는 6회 사용되었다.

① 감탄

太史公曰, 怨毒之於人甚矣哉! 『伍子胥列傳』

태사공은 말한다. "원한의 해독이 사람에게 대함이 심하도다!"

(22) 乎哉

"哉"는 감탄을 표시할 뿐 만 아니라 앞의 다른 성분이나 전체 문맥에 따라 반문의 어기를 표시하기도 한다. 의문을 표시하는 "乎"와 연용되어 반문의 어기를 더욱 강하게 띤다고 할 수 있겠다. 『論語』, 『莊子』, 『荀子』 등에 사용되었고 『史記』에는 8회 사용되었다.

① 반문

何征而不服乎哉? 『平津侯主父列傳』

누구를 정복하더라도 복종하지 않을 자가 있겠는가?

(23) 也哉

語氣詞 "也"와 "哉"가 연용되어 반문을 표시하고 있다. "也哉"는 의문을 표시할 수도 있고 반문을 표시할 수도 있으며 감탄을 표시할 수도 있다.[26] 『左傳』, 『論語』 등의 문헌에 용례가 보인다. 『史記』에서는 반문을 표시하는 데 사용되었고, 이 때 앞에는 반문을 확실히 결정하는 부사가 사용되었다. 6회 사용되었다.

① 반문

豈非遇而命也哉? 『張丞相列傳』

어찌 때를 만나서 이루어진 운명이라 아니할 수 있겠는가?

(24) 而已矣

語氣詞 而와 已, 矣 3개가 연용되어 사용된 경우로 而已는 한정을 표시하고 矣는 어기를 강화시켜주는 작용을 한다. 先秦文獻에는 용례가 보이지 않는다. 『史記』에 12번의 용례가 보인다.

① 한정

苟有用我者, 期月而已矣 『儒林列傳』

진실로 나를 쓰고자 하는 이가 있으면, 1년 안에 할 수 있을 뿐이다.

---

26   楊伯峻(2000:241)

(25) 而已也

而已는 함께 쓰여 한정을, 也는 판단을 표시한다고 볼 수 있는데, 즉 부정어기를 판단_{단정} 짓고 있다.[27] 『史記』에 3회 사용되었다.

① 판단

能試有所長, 非苟而已也 『貨殖列傳』

시험하여 장점인 바가 있었던 것이지 구차스럽게 한 것이 아니다

03. 『史記』 語氣詞의 객관면모와 그 특징

이상 『史記』의 語氣詞 사용양상에 대한 분석을 통해 그것의 객관적인 면모를 대략적으로나마 가늠할 수 있다. 우선, 25개의 다양한 語氣詞가 사용되었고 그 용법 또한 매우 광범위하다는 점을 지적할 수 있다. 예컨대 "也"의 경우 6종류의 어기를 표시하는 데 사용되었고 "乎" 역시 5종류의 다양한 어기를 표시하고 있다. 또한 여러 語氣詞들 중 서로 상통되는 부분이 있는 경우가 많이 발견되는데, 여기서 주목할 만한 것은 그들 간에 어음상 밀접한 관계가 있다는 점이다. 예컨대 "耳"와 "爾"는 어음이 같고, 한정어기를 표시하는 용법 또한 일치한다. "與", "歟", "邪" 또한 모두 동음이거나 유사한 어음이며, 용법상으로도 공통되는 점이 발

---

27   『史記』에서 而已也는 모두 앞에 부정사 非와 함께 쓰여 부정어기를 표시하며, "~한 것은 아니다."는 의미를 지닌다.

견된다. 둘째, 그러나 모든 語氣詞가 광범위하게 사용된 것은 아니라는 점이다. "歟"와 "爾"는 단일한 어기만을 표시하였고, 둘 이상의 語氣詞가 연용된 경우에도 단일한 어기를 표시하는 데 사용되었다.[28] 語氣詞가 연용되는 경우 그들 간의 상관관계를 살펴보면, 이강재[1997]에서도 지적된 바와 같이 어기의 강도에 따라 그 위치가 결정된다. 즉 진술어기 보다는 의문어기가, 또 의문어기 보다는 감탄어기가 더 강한 것으로 보아 서로 다른 어기를 가진 語氣詞가 連用되었을 때, 어기가 강한 語氣詞가 일반적으로 뒤에 위치한다. 그러므로 "乎"는 "也", "矣", "已" 등 진술어기를 표시하는 語氣詞 뒤에 위치하고, "哉"는 "也", "矣" 등의 진술표시 語氣詞와 또는 "乎", "與" 등의 의문표시 語氣詞의 뒤에 위치하고 있다. 또한 이러한 語氣詞 연용현상은 다양한 형태로 나타나지만 그 용법과 사용빈도 면으로 볼 때는 제한적으로 사용되었음을 알 수 있는데, 주로 감탄이나 한정의 어기를 표시하는 데 사용되었고, 사용횟수 또한 대개 10회 미만이었다. 셋째, 『史記』語氣詞는 대체로 先秦時期 語氣詞를 계승했는데, 그 중 而已, 而已也 등의 일부 語氣詞 連用는 先秦時期에는 사용되지 않았던 경우로서 아마 이 시기에 이르러 사용되기 시작했던 것 같다.

---

28   물론 여기서 말하는 단일어기란 한 개의 語氣詞가 단독적으로 쓰여 단일어기를 표시한다는 것과는 다르다. 다시 말해 語氣詞의 연용이란 결국 복잡 미묘한 어기를 효과적으로 전달하기 위해 사용되었을 것이란 추측을 쉽게 할 수 있기 때문이다. 표현하고자 하는 어기의 중심은 물론 마지막 語氣詞에 실려 있고 결과적으로 특정어기를 표현하고 있지만, 가령 矣哉의 경우는 진술어기를 포함한 감탄어기로, 而已也는 한정어기를 포함한 판단어기로 볼 수 있는 것이다.

04. 古代漢語 語氣詞의 변화와 발전

중국어 語氣詞의 발생시기는 언제인가? 최초의 문자기록인 갑골문에는 語氣詞가 사용되었는가? 語氣詞의 기원문제에 대해서는 다소간의 이견이 있지만 대체적으로 西周時期로 보는 것이 일반적이다.[29] 초창기의 語氣詞는 주로 감탄의 어기를 표시하는 데 사용되었다.[30] 이후 春秋戰國時期에 이르러 語氣詞는 대량으로 출현했으며, 또한 표시하는 어기의 종류 또한 다양해지면서 상당정도 체계를 갖추기 시작했다. 즉 이 시기에 이르면 語氣詞는 감탄의 어기뿐 아니라 판단, 서술, 의문, 반문, 추측, 명령 등의 다양한 어기를 표시하는 데 사용되었다. 따라서 先秦時期의 語氣詞의 사용상황은 상당히 복잡다양하다. 하나의 語氣詞가 여러 어기를 표시할 수도 있고, 여러 개의 다른 語氣詞들이 동일한 어기를 표시하기도 하는 착종현상이 심하게 나타난다. 그 밖에 둘 이상의 語氣詞가 連用되는 현상도 선진시기에 이미 나타나고 있다. 語氣詞의 連用은 어기 강화의 필요에 의한 것이라고 보는 것이 일반적인 견해인데, 좀 더 구체적으로 얘기하자면 다종의 감정을 표현하기 위해서라고 할 수 있을 것이다. 즉 어기사의 連用

---

29   물론 다른 견해도 있다. 예를 들어, 陳夢家, 李學勤, 管燮初 등의 학자들은 갑골문에도 소수의 語氣詞들이 존재했다고 보았고 그 예로 든 것이 "才", "執" 등이다. 그러나 郭錫良, 孫錫信의 분석에서 잘 설명되었듯이 엄격한 의미에서는 부사에 속한다고 보는 것이 더 타당할 듯 하다.

30   일반적으로 가장 오래된 語氣詞로 哉를 꼽을 수 있고, 이때 "哉"는 감탄의 어기를 표시하는 데 전용되었다. "嗚呼, 邦伯師長, 百執事之人, 尙皆隱哉!" 『尙書 盤庚』 이밖에 西周시기 사용된 語氣詞로 "兮", "而", "與"가 있다. 孫錫信(1997:6) 참조.

은 어세, 어기, 정서적 표현의 강도를 높여서 화자가 품고 있는 심리적 목적을 효과적으로 달성하게 하는 것이다.

郭錫良[1997], 孫錫信[1999] 등의 연구에 따르면 先秦時期 語氣詞 중 가장 많이 사용되는 語氣詞는 "也", "矣", "乎", "哉"이고 그 다음으로는 "已", "耳", "焉", "爾", "邪", "夫", "兮" 등의 語氣詞이다. 상술한 語氣詞들은 진술어기, 의문어기, 감탄어기 3종으로 대별할 수 있으며 다시 각각은 서로 착종관계를 이룬다. 간단히 일별해보자면 "也", "矣", "已", "耳", "焉", "爾" 등은 주로 진술어기를 표시하고 "乎", "與", "邪"는 주로 의문어기를 표시하며 "哉", "夫", "兮"는 감탄어기를 표시하는 대표적 語氣詞다. 그러나 각 語氣詞들의 용법을 분석해보면 그것이 표시하는 대표적 어기 외에도 다양한 어기를 표시하는데 사용된다는 것을 알 수 있다. 가령 先秦時期 사용범위가 가장 넓은 語氣詞중 하나인 "也"의 경우 진술문에서 판단을 표시하기도 하고 긍정어기를 표시하기도 하며 또한 감탄문과 의문문에서도 그에 상응되는 어기를 표시하는 데 사용되기도 한다.

先秦時期 語氣詞 連用에 있어서는 "矣", "乎", "哉", "也" 등의 활용이 특히 두드러진다. 즉 "矣"는 기타 진술어기사와 連用되어 가장 뒤에 위치하며, 의문이나 감탄을 표시하는 어기사와 連用되었을 때는 그들의 앞에 위치한다. 乎 역시 진술어기사와 連用되어 가장 뒤에 위치하고, 감탄어기사와 連用되었을 때는 그들의 앞에 위치한다. "哉"는 의문과 감탄을 표시하는 語氣詞들과 자주 連用되는 데 두 상황 모두에서 뒤에 위치한다. "也"의

경우 진술, 의문, 감탄을 표시하는 語氣詞와 다양하게 連用되는데 거의 모든 상황에서 맨 앞에 위치한다.

『史記』에 사용된 語氣詞 역시 대체적으로 先秦時期의 語氣詞와 일치한다. 우선 분명히 말할 수 있는 것은 先秦時期와 마찬가지로 語氣詞들 간의 착종관계가 상당히 복잡하다는 점이다. 이는 아직 語氣詞의 세밀한 分工이 이루어지지 못했다는 것을 증명한다.[31] 『史記』에 사용된 25개의 語氣詞는 대다수가 하나 이상의 다양한 어기를 표시하는데 사용되고 있다. 이렇듯 기본적으로 先秦時期와 비슷한 양상을 보이지만, 몇 가지 측면에서 『史記』의 語氣詞와 先秦時期 語氣詞의 차이점 및 중국어 語氣詞의 변화, 발전상황을 발견할 수 있다. 첫째 『史記』에 사용된 語氣詞는 그 수량 면에서 先秦時期 여러 문헌들에 사용된 語氣詞보다 다양한 語氣詞가 사용되고 있다. 『史記』에는 총 25개의 語氣詞가 사용되고 있는데, 이 수치는 先秦時期 문헌 중 語氣詞의 사용이 비교적 많은 『左傳』의 20개, 『戰國策』의 19개에 비해 많다. 중국어 문장은 그것이 표현하는 어기에 의거해 크게 진술, 의문, 명령, 감탄의 4종으로 대별할 수 있고, 語氣詞는 각각의 어기를 표시하는 중요한 구성요소로 작용한다. 『史記』에 사용된 25개의 語氣詞들은 다시 다양한 어기를 표시하는데 사용되고 있다. 다시 말해 각각의 語氣詞들은 크게 상술한 4종의 문장을 구성하면서 그 범주 안에서 더욱 세밀하고 다양한 어기를 표시하고 있는

---

31   語氣詞의 전문적인 分工은 宋元이후이다. 楊伯峻, 何樂士(2001:906)

것이다. 상술한 바대로 『史記』에는 先秦時期의 거의 모든 語氣詞가 나타나고 있다. 이를 통해 보자면, 先秦時期와 漢代의 語氣詞 사용은 대체로 일치된다는 사실을 확인할 수 있다. 한편 先秦時期에는 보이지 않던 語氣詞가 『史記』에 사용된 경우도 있는데 한정어기를 표시하는 "而已", 한정어기를 표시하는 "而已矣", 단정어기를 표시하는 "而已也"가 그것이다. 둘째, 사용빈도는 여전히 낮지만, 語氣詞의 連用현상 또한 先秦時期에 비해서는 좀 더 보편적으로 나타난다. 『史記』에는 13개의 연용된 語氣詞가 사용되었다. 先秦時期의 문헌 중 語氣詞의 連用현상이 많이 나타난 문헌으로 『左傳』과 『論語』, 『孟子』 등을 들 수 있는데, 『左傳』에는 11개, 『論語』에는 13개, 『孟子』에는 15개의 語氣詞 連用현상이 나타난다.[32] 다시 말해 先秦時期에도 語氣詞의 연용은 어렵지 않게 발견된다는 점을 알 수 있는데, 그러나 상술한 세 문헌의 경우, 連用된 語氣詞 중 한 두개의 사용비율을 제외하면 그 사용횟수가 극히 제한적이다. 그러나 『史記』에 나타난 語氣詞 連用현상은 상대적으로 좀 더 빈도가 높다. 語氣詞의 連用은 결국 복잡한 어기, 즉 화자의 다중적 감정을 좀 더 세밀하게 표현하기 위해서 사용되었을 것이라 추측되는데, 先秦時期와 비교했을 때 『史記』의 語氣詞 連用의 사용빈도가 좀 더 높다는

---

32   語氣詞의 연용은 대화나 어록체에 많이 나타나는데, 『論語』, 『孟子』 같은 문헌이 좋은 예다. 『史記』가 史書임에도 불구하고 語氣詞 연용이 많이 사용된 것은 『史記』가 두 문헌에 비해 편폭이 크다는 점 외에도 司馬遷 자신의 주관적 견해가 상당히 반영된 책이라는 점에서도 그 한 원인을 찾을 수 있을 듯 하다. 즉 語氣詞의 連用이 대량으로 나타나는 것은 『史記』 본연의 특징과도 연관된다고 보여진다.

사실은 언어표현의 세밀함을 반영하는 것이라고 생각할 수 있다. 또한 語氣詞 連用에 대해 한 가지 부기할 것은 語氣詞의 連用은 시간의 흐름에 따라 사용범위나 빈도상 어떤 특정한 변화와 발전이 있기보다는 특정문헌에 특정어기사의 連用이 자주 나타난다는 점을 한 특징으로 들 수 있다는 점이다. 추측컨대 이는 지역적 차이나 혹은 작자 스스로의 언어습관에서 비롯되는 듯 하다.

　先秦時期와 漢代의 語氣詞 사용현상이 대체로 일치한다면, 魏晉南北朝 시기에는 비교적 다양한 변화가 발생한다. 魏晉南北朝 시기에는 전쟁이 빈번하게 발생하면서 새로운 왕조가 흥망을 거듭했으며, 그에 따라 인구의 대규모 이동이 이루어지게 되고 그 결과 다양한 방언이 뒤섞였다. 또한 인도로부터 불경이 수입되면서 불교 관련 어휘가 대규모로 만들어지게 되었고, 구어 성분이 활발하게 흡수, 운용되었다. 이러한 사회적 배경 속에서 魏晉南北朝의 語氣詞 사용 또한 先秦, 兩漢시기와 일정한 차이를 갖기 시작했다. 孫錫信[1997]에 의하면 魏晉南北朝 시기 語氣詞의 사용양상은 대체적으로 다음과 같은 변화를 갖게 된다. : "與[歟]"와 "夫"의 사용이 줄고, "耳"와 "乎"의 사용이 큰 폭으로 증가됐다. 즉 『史記』에는 "與[歟]"와 "夫"가 다양하게 사용되었던 반면, 魏晉南北朝의 중요저작이라고 할 수 있는 『搜神記』, 『世說新語』 등에는 語氣詞로 쓰인 "與[歟]"와 "夫"가 나타나지 않는다. 이런 상황에서 본다면 이 두 개의 語氣詞는 이 시기에 이미 그 사용이 퇴조되고 있음을 알 수 있다. 이와는 반대로 사용 폭이 늘어난 "耳"와 "乎"의 경우를 보면, 먼저 "耳"는 先秦兩漢

의 용법을 전승하는 동시에 사태의 변화를 표시하는 데에도 점차 널리 사용되었다.[33] "乎"의 경우, 대부분 이전시기의 용법을 계승했지만, 반문문에 쓰인 예가 점차 많아졌다는 점도 이 시기 語氣詞 "乎"의 특징이다. 또한 先秦兩漢 시기에 그 사용범위가 가장 넓었던 "也"의 변화도 주목할 만하다. 판단문에 쓰이던 "也"의 빈도는 줄어든 반면, 각종 의문문에 쓰이는 예는 더욱 광범위해졌다. "矣"의 경우에도 일정한 변화가 발생했는데, 용법상에서는 큰 변화가 없지만 사용빈도 면에서 현저한 감소를 보인다. 즉 사실의 변화를 표시하는 수많은 문장에서 "矣"를 사용하지 않는 경우가 많아졌다. 이밖에 先秦兩漢 시기에 비해 각 語氣詞들의 分工상황이 좀 더 세밀하게 이루어졌다는 것 또한 이 시기 語氣詞의 변화라고 할 수 있다. 예컨대 『史記』에선 각자 다양한 어기를 표시하던 "也", "矣", "耳", "焉" 등의 語氣詞는 魏晉南北朝 시기에 이르면 주로 진술문에 사용되었고, "乎", "邪", "哉" 등의 語氣詞들은 주요하게 의문문과 감탄문에 쓰이게 된다.

---

33   즉 "矣"의 용법을 점차 "耳"가 대체해 갔다고 볼 수 있는데, 실제로 **魏晉南北朝** 시기에 이르면 "矣"는 점차 감소추세를 보인다.

05. 小結

이상으로 『史記』에 사용된 각 語氣詞들의 용법과 특징을 살펴보고, 『史記』 語氣詞의 사용양상을 중심으로 先秦時期와 魏晋南北朝시기 語氣詞 사용상황을 함께 비교해 봄으로서 초기 중국어 語氣詞의 변화, 발전상황을 간략하게 살펴보았다. 우선 『史記』에 사용된 25개 語氣詞의 용법과 특징을 살펴봄으로서 『史記』의 語氣詞, 나아가 漢代의 語氣詞 사용양상을 객관적으로 살펴볼 수 있었다. 다시 간단히 정리해보자면 『史記』에는 많은 語氣詞들이 다양한 어기를 표시하면서 폭넓게 사용되었고, 또 여러 語氣詞들이 동일한 어기를 표시하는 착종현상이 보편적으로 나타나고 있다. 이때 각 語氣詞들 간에는 어음상 일정한 상관관계가 존재하는 경우가 많았다. 한편 語氣詞들은 때에 따라 앞쪽의 부사나 의문사와 호응되어 사용되기도 하고 語氣詞가 단독으로 쓰여 각종어기를 표시하기도 하였다. 또한 둘 이상의 語氣詞가 連用되어 사용되기도 하였는데 語氣詞의 連用은 일정한 상관관계를 이루고 있었다. 그러나 변화와 발전의 측면에서 볼 때 語氣詞의 連用을 두고 시간의 변화에 따른 어떤 체계적인 변화, 혹은 논리체계를 발견하기는 어려웠다. 개별 語氣詞의 변화, 발전의 맥락 위에서 보았을 때, 語氣詞 역시 시간의 변화에 따라 부단히 변화가 발생하였음을 확인할 수 있었다. 그것은 크게 보았을 때 사용범위의 축소와 확대, 사용빈도의 증가와 감소, 그리고 새로운 어기사의 발생 등으로 정리할 수 있으며, 또한 전반적으로 시간이 흐를수록 각 語氣詞들의 分工현상이 좀 더 명확해 진다는 것을 발견할 수 있다.

〈참고문헌〉

司馬遷, 『史記』, 中華書局, 2001

정범진 외 역, 『史記』, 까치, 1995

郭錫良, 『漢語史論集』, 商務印書館, 1997

史存直, 『漢語語法史綱要』, 華同師範大學出版社, 1986

孫錫信, 『漢語歷史語法要略』, 復旦大學出版社, 1992

孫錫信, 『近代漢語語氣詞』, 語文出版社, 1997

王力, 『漢語史稿』, 中華書局, 1980

王海棻, 『古漢語疑問範疇詞典』, 江蘇教育出版社, 2001

楊伯峻, 『古漢語虛詞』, 中華書局, 2000

楊伯峻·何樂士, 『古漢語語法及其發展』, 語文出版社, 2001

易孟醇, 『先秦漢語語法』, 湖南教育出版社, 1989

劉月華 외, 『實用現代漢語語法』, 商務印書館, 2002

齊沪揚, 『語氣詞與語氣系統』, 安徽教育出版社, 2002

何樂士, 『『史記』語法特點研究』, 商務印書館, 2005

高列過, 「東漢佛經疑問句語氣詞初探」, 古漢語研究, 2004년 제4기

王志清, 「試論語氣詞連用」, 社科縱橫, 2006년 4월 21권 4기

楊永龍, 「先秦漢語語氣詞同現的結構層次」, 古漢語研究, 2000년 제4기

李左豊, 『上古漢語語法研究』, 北京廣報學院出版社, 2003

張紅, 「從『論語』看先秦漢語語氣詞的使用」, 語文學刊, 2005년 1기

馮玉, 「『孟子』中連用的句尾語氣詞」, 甘肅高師學報, 2006년 제 11권 6기

이강재, 「疑問文 文末語氣詞의 機能 및 特性 研究」, 중국문학 제 24집

──, 「古代 中國語 語氣詞 連用 研究」, 중국문학 제 29집

안재철, 「『三國史記』와 『史記』의 文末語助詞 依例 比較研究」, 단국대학교 논문집 제 32집

3장 上古漢語의 疑問代詞는 어떠했나

『論語』,『孟子』,『史記』의 경우

01. 序論

『論語』,『孟子』,『史記』는 중국은 물론 우리에게도 잘 알려진 고전으로, 역대로 매우 중시되어 왔다. 이 세권의 고전은 역사, 철학, 문학적인 영향력은 물론, 언어학적으로도 중요한 가치가 있다. 『論語』와 『孟子』는 선진 先秦 시기 제자산문으로 당대의 생생한 구어를 담아내고 있다. 또한 『史記』는 한대 漢代 의 중요한 역사문헌으로 큰 편폭으로 당시의 언어를 반영하고 있다. 따라서 언어학적 관점에서 보자면, 이 세 문헌을 통해 고대 중국어의 객관적 면모 및 그 변화와 발전상황을 관찰할 수 있는 것이다.

『論語』와 『孟子』는 많은 내용이 문답식으로 이루어진 구어체 문헌인 만큼 수많은 의문문이 사용되고 있다. 『史記』 역시 편폭이 크다 보니 여러 가지 일화들, 역사적 사건, 인물간의 대화 등이 인용되고 있으며 많은 수의 의문문이 등장한다. 주지하듯 의문문은 광범위한 어휘와 구조가 사용된다. 특히 고대 중국어의 의문대사는 상당히 다양하고 그 사용 양상 또한 복잡하여 쉽게 파악되지 않는다. 상기한 세 문헌에 사용된 의문대사를 숙지함으로써 고대 중국어, 그 중에서도 상고 上古 시기 중국어 문장에 대한 전반적인 독해능력을 높이는데 많은 도움을 주리라 생각한다. 또한 선진시기에서 한대로 넘어가며 나타나는 상고 중국어의 변화, 발전의 양상을 고찰하는 데에도 일정한 도움이 되리라 사료된다. 중국어의 시기구분은 학자에 따라 조금씩 다르기도 하지만, 일반적으로 商周시기는 상고 전기, 先秦시기는 상고 중기, 兩漢시기는 상고 후기로 분류된다.

본 논문은 『論語』, 『孟子』, 『史記』에 사용된 의문대사를 일별하고, 각각의 용법과 특징을 밝히는 동시에 나아가 시간의 흐름에 따른 의문대사의 변화에 대해 분석하는 것을 목적으로 한다. 이로써 상고시기 의문대사의 객관적 면모를 살펴볼 수 있으리라 기대한다.

02. 疑問代詞의 종류 및 용법

고대 중국어의 의문대사는 의문의 기능에 따라 다음과 같이 7가지 종류로 나눌 수 있다. 첫째, 사물을 묻는 의문대사 指物, 둘째, 사람을 묻는 의문대사 指人, 셋째, 방식이나 상황을 묻는 의문대사 方式·情狀, 넷째, 원인이나 목적을 묻는 의문대사 原因·目的, 다섯째, 시간을 묻는 의문대사 時間, 여섯째, 장소를 묻는 의문대사 處所, 일곱째, 수량을 묻는 의문대사 數量 로 나눌 수 있다. 『論語』, 『孟子』, 『史記』에 사용된 각 의문대사와 그 용법을 정리, 분석하면 아래와 같다.

(1) 사물을 묻는 의문대사

『論語』, 『孟子』, 『史記』에서 사물을 묻는 의문대사로는 何, 奚, 孰, 焉, 曷, 何所, 何等 7개의 의문대사가 사용되었다.

〔1〕 何謂善, 何謂信? 『孟子, 盡心上』

무엇이 선이고, 무엇이 신인가?

〔2〕 禮與食孰重? 『孟子, 告子下』

예와 먹는 것 중에서 어느 것이 중한가?

〔3〕 曰, 奚冠? 曰, 冠素 「孟子, 滕文公上」

맹자께서 물으셨다. 무슨 관입니까? 흰 관입니다

〔4〕 欲仁而得仁, 又焉貪? 『論語, 堯曰』

인을 원하여 인을 얻으니, 또 무엇을 탐하리오?

〔5〕 吳使使問仲尼, 骨何者最大? 『史記, 孔子世家』

오왕이 사자를 보내어 공자에게 묻기를, 해골은 어떤 것이 가장 큽니까?

〔6〕 王夫人曰, 陛下在, 妾何等可言者? 『史記, 三王世家』

왕부인이 말하기를, 폐하가 계시는데 첩이 무엇을 말할 수 있겠는가?

〔7〕 曷爲不寐? 『史記, 周本紀』

무엇 때문에 잠들지 못하십니까?

〔8〕 客何所爲? 『史記, 孟嘗君列傳』

객은 무엇을 하고 있는가?

7개의 의문대사 중 가장 많이 사용되는 의문대사는 역시 何이고 문법적으로도 가장 전면적으로 사용된다. 孰은 일반적으로 사람을 묻는데 사용되지만, 상고 중기에는 종종 사물을 묻는데 사용되기도 하였다. 하지만 孰은 일반적인 기타의 의문대사와 조금 다른데, 주로 선택의문문을 구성한다. 시기에 따른 변화를 살펴보자. 우선 사용빈도가 가장 높은 何의 경우 한대에 이르면 개사의 목적어로 사용되면서 개사의 뒤에 위치하는 상황이 관찰된다. 선택을 표시하던 孰 또한 漢代에 이르면 점차 何로 대체되는 경향을 보인다. 특히 예문 [5]와 같이 何者의 형태로 많이 쓰이면서 孰을 대체하고 있다. 예문 [7]과 같이 상고 중기에 자주 쓰이던 胡와 曷은 한대에 이르면, 胡爲, 曷爲의 형태로 사용된다. 何等과 何所[34]는 한대에 이르러 새로 생겨난 의문대사로 보인다. 『論語』와 『孟子』에는 이러한 이음절 의문대사가 발견되지 않았다.

(2) 사람을 묻는 의문대사

『論語』, 『孟子』가 편찬된 춘추전국시기, 그리고 『史記』가 완성된 한대 시기 모두 사람을 묻는 의문대사로 誰와 孰이 전용되었다.[35]

[9] 子曰, 誰能出不由戶? 『論語, 雍也』

공자께서 말씀하셨다. 누가 문을 통하지 않고 나설 수 있는가?

---

34   何所는 장소를 묻는 용법으로 많이 사용되지만, 사물을 묻는 데에도 일부 사용되고 있다. 貝羅貝, 吳福祥(2000)은 동한시기 何所를 상당히 구어화된 의문대사라고 설명하고 있다.

35   상고 전기인 商周시대에는 疇도 사람을 묻는 데 사용되었다.

〔10〕 王誰與爲善?『孟子, 滕文公上』

왕은 누구와 함께 선을 하겠는가?

〔11〕 子貢問, 師與商也孰賢?『論語, 先進』

자공이 물었다. 자장과 자하 중에 누가 낫습니까?

〔12〕 孰能一之?『孟子, 梁惠王上』

누가 통일할 수 있을 것인가?

〔13〕 于是上問朝臣, 兩人孰是?『史記, 魏其武安侯列傳』

그래서 황제가 대신들에게 물었다. 두 사람 중 누가 옳은가?

〔14〕 三子之才能誰最賢哉?『史記, 滑稽列傳』

세 사람의 재능 가운데 누가 가장 뛰어난가?

세 문헌에서 공통적으로 誰의 사용비율이 孰보다 높다. 즉『論語』,『孟子』가 편찬된 선진시기에 이미 誰의 사용비율이 孰보다 훨씬 높다는 것을 우선 알 수 있다. 선진시기 誰와 孰의 용법을 비교할 때, 孰의 경우 선택항을 놓고 고르는 선택의 형식에 주로 사용된다는 차이가 있다.『史記』가 완성된 한대시기에 이르면誰의 사용비율이 더욱 확대되면서 孰을 완전히 압도한다. 또한선진시기와는 다르게 선택항을 두고 고르는 경우에도 誰가 점차孰을 대체하는 상황에 이른다.[36]

---

36   貝羅貝, 吳福祥(2000)은 동한시기에 이르면 사실상 실제구어에서 孰을 사용하지 않았을 것이라고 설명한다.

(3) 방법, 정황을 묻는 의문대사

방법이나 정황을 묻는 경우에 많은 의문대사가 사용되었다. 何, 惡, 安, 曷, 奚, 如何, 若何, 奈何, 何如, 何以, 奚如, 云何, 如之何가 사용되었다.

〔15〕 對曰, 賜也何敢望回? 『論語, 公冶長』
자공이 대답했다. 제가 어떻게 감히 안연을 바라보겠습니까?

〔16〕 以其小者信其大者, 奚可哉? 『孟子, 盡心上』
작은 일을 가지고 미루어서 큰일도 그러하다 믿는다면 어디 되겠느냐?

〔17〕 君使臣, 臣事君, 如之何? 『論語, 八佾』
임금이 신하를 부리고 신하가 임금을 섬기는 것은 어떻게 합니까?

〔18〕 百姓雖勞, 又惡可以已哉? 『史記, 司馬相如列傳』
백성이 다소 수고스럽더라도 어떻게 그만둘 수 있겠습니까?

〔19〕 秦師深矣, 奈何? 『史記, 晉世家』
진나라 군대가 깊숙이 들어오는데 어떻게 해야 하오?

〔20〕 文候曰, 敢問如何? 『史記, 樂書』
문후가 물었다. 감히 묻건데 어찌 그렇습니까?

〔21〕 問陳平, 平固辭謝, 曰, 諸將云何? 『史記, 陳丞相世家』
진평에게 물으니 거듭 사양하다가 말했다. 여러 장군들은 무엇이라고 했습니까?

방법, 정황을 묻는 의문대사는 단음절과 다음절 의문대사 두 종류로 나누어 볼 수 있는데, 구체적 기능에서도 차이를 보인다. 如何, 若何, 奈何 등 다음절 의문대사들은 대부분 순수하게 방법과 정황 등을 묻는데 사용되었다. 반면 何, 胡, 曷, 安 등의 단음절 의문대사는 표면적으로는 방법, 정황을 묻지만 사실 반문을 표시하는 경우가 많다. 단음절 의문대사로는 何와 安이 가장 많이 사용되었고, 다음절 의문대사는 何以, 奈何가 가장 많이 사용되었다. 또한 云何는 선진시기에는 보이지 않고 한대에 들어 새로 생긴 의문대사로 보인다.

⑷ 이유나 목적을 묻는 의문대사

이유와 목적을 묻는 의문대사로는 何, 奚, 曷, 何以 胡[37], 何故, 奈何 등이 사용되었다.

〔22〕　夫子何哂由也? 『論語, 先進』
　　　　선생님은 어째서 유를 비웃으십니까?

〔23〕　子奚不爲政? 『論語, 爲政』
　　　　선생님께서는 왜 정치를 하지 않으십니까?

〔24〕　何以謂義內也? 『孟子, 告子』
　　　　어째서 의가 안에 있다고 말하는가?

〔25〕　胡不死? 『史記, 趙世家』
　　　　왜 죽지 않는가?

37　　　胡는 노나라 방언으로 쓰여진 『論語』, 『孟子』에 사용되지 않았다. 백은희(1999) 269p 胡는 방법, 정황과 이유를 묻는데 두루 사용되는 의문대사인데, 『史記』에서는 이유를 묻는 데만 사용되었다.

〔26〕 天曷不降威? 『史記, 殷本紀』

하늘이 어찌 위엄을 보이시겠습니까?

〔27〕 楚成王興師問曰, 何故涉吾地? 『史記, 濟太公世家』

초성왕이 군대를 이끌고 와서 물었다. 무슨 연고로 내 땅을 밟았는가?

〔28〕 公奈何衆辱我? 『史記, 張釋之馮唐列傳』

공은 어찌하여 여러 사람 앞에서 짐을 모욕했소?

　

이유나 목적을 묻는 데에 가장 많이 사용된 의문사는 何이고 何故와 何以도 많이 사용된다. 그 외의 단음절 의문대사의 사용은 미미해서 드물게 보인다. 이음절 의문대사 奈何는 한대에 들어와 생긴 것으로 보이고 사용률이 급격히 증가한 듯 하다. 또한 다른 의문대사와 마찬가지로 이 시기 奈何 역시 다양한 용법을 갖는다. 즉 원인과 목적을 묻는데 사용되기도 하고, 앞서 살펴본 대로 방법이나 정황을 묻기도 한다. 이러한 원인, 목적을 묻는 용법은 방법, 정황을 묻는 용법에서 파생된 것으로 본다.[38]

(5) 시간을 묻는 의문대사

시간을 물을 때는 何, 何時, 何如時가 사용되었다.

---

[38]　　貝羅貝, 吳福祥(2000) 322p

〔29〕 父老何自爲郎? 『史記, 張釋之馮唐列傳』
늙은 나이에 언제 낭관이 되었소?

〔30〕 且不求, 何時得公? 『史記, 晉世家』
만약 지금 움직이지 않으면 언제 공을 이루시겠습니까?

〔31〕 扁鵲曰, 其死何如時? 『史記, 扁鵲倉公列傳』
편작이 말하길, 죽은 게 언제입니까?

  춘추전국, 즉 상고 중기에 이르면 시간을 묻는데 자주 사용되던 何와 害, 曷의 사용이 점차 줄고, 대신에 何나 奚 뒤에 時와 같은 시간명사를 붙여서 사용하는 경향을 보인다.[39] 『論語』와 『孟子』에는 시간을 묻는 의문사가 발견되지 않는다. 상고 후기인 한대에 이르면, 시간을 묻는 의문대사는 전체 의문대사의 계통에서 점차 사라지는 듯하다. 대신 명사구인 何時가 그 기능을 전담하게 되고 혹은 간혹 何如時가 사용되기도 한다.

(6) 장소를 묻는 의문대사
장소를 묻는 의문대사로는 安, 惡, 焉, 何所, 安所가 사용되고 있다.

〔32〕 仲尼焉學? 『論語, 子張』
중니는 어디서 배웠습니까?

---

39   人主奚時得論裁? 『韓非子 人主』

〔33〕 居惡在? 仁是也 『孟子, 盡心上』

　　　 어디에 거할 것인가? 인이 그것이다

〔34〕 沛公安在? 『史記, 項羽本紀』

　　　 패공은 어디에 있는가?

〔35〕 且王功楚, 將惡出兵? 『史記, 平原君虞卿列傳』

　　　 왕께서는 초나라를 공격함에 어디로 진군해 가십니까?

〔36〕 仲尼焉學? 『史記, 仲尼弟子列傳』

　　　 중니는 어디에서 배웠는가?

〔37〕 子當爲王, 欲安所置之 『史記, 三王世家』

　　　 그대의 아들을 왕으로 삼아야겠는데, 어느 곳에 봉하기를 원하는가?,

〔38〕 客何所爲? 『史記, 孟嘗君列傳』

　　　 객은 어디에 있는가?

　　상고 중기에는 장소를 묻는 의문대사로 惡이 가장 많이 사용되
었다. 간혹 惡乎가 사용되기도 하였다. 하지만 단음절 의문대사
의 사용률이 상고 중기에서 후기로 갈수록 현저히 줄어든다는 점
과 의문대사가 단독으로 쓰이지 않고 何在, 安在 등의 조합이 많
이 나타난다는 것이 눈에 띈다. 또한 『史記』에 근거해서 본다면
이 시기에 장소를 묻는 의문대사는 주로 명사구인 何所, 安所가
담당하는 경우가 많다는 점을 지적할 수 있다.**40**

40　　상고 중기에 자주 사용되던 安은 상고 후기에 이르러 이와 같이 安所의 형태로 나타
　　　난다.

(7) 수량을 묻는 의문대사

수량을 묻는 의문대사로는 幾, 幾何가 사용되고 있다.

〔39〕 **子來幾日矣?** 『孟子, 離婁上』

자네가 온지 며칠이나 되었는가?

〔40〕 **先生處勝之門下幾年于此矣?** 『史記, 平原君虞卿列傳』

선생은 지금까지 내 문하에 몇 년이나 계셨소?

〔41〕 **先生能飮幾何而醉?** 『史記, 滑稽列傳』

선생은 얼마나 마셔야 취하는가?

〔42〕 **漁者幾何家?** 『史記, 龜策列傳』

고기잡이는 몇 집인가?

〔43〕 **如我能將幾何?** 『史記, 淮陽侯列傳』

나 같은 이는 얼마나 통솔할 수 있는가?

『孟子』에 幾가 한번 사용되었고, 『論語』에는 나타나지 않는다. 幾何는 상고중기에는 주로 술어로 사용되었지만, 상고 후기로 접어들면서 예문 〔42〕과 같이 관형어로 쓰인 예가 증가한다. 또한 예문 〔43〕에서 보여지듯 목적어로 사용되기도 하였다.

03. 上古시기 疑問代詞의 변화와 발전

(1) 용법의 변화 및 의문대사의 쇠퇴와 신생

의문대사는 상고 중기인 춘추전국에서 상고 후기인 한대로 넘어가면서 여러 방면에서 뚜렷한 변화를 겪는다. 예컨대『論語』, 『孟子』와『史記』 전편에서 가장 많이 등장하고 또한 의문의 범위가 넓은 의문대사가 何이다. 그런데 한대에 이르러 何는 개사의 빈어로 쓰일 경우 개사의 뒤에 위치하는 용법이 나타나기 시작한다. 사람을 물을 때 사용되는 孰의 급격한 쇠퇴 역시 시간의 흐름에 따른 두드러지는 변화이다. 즉 춘추전국시기에는 誰와 孰이 용법상의 차이를 갖고 사용되었는데, 점차 誰의 사용이 확대됨에 따라 孰이 점차 도태되는 양상을 보인다. 또한 시간을 표현하는 의문대사에 있어서도 선진시기에 사용되던 曷, 奚 등이 한대에 이르러서는 사용되지 않았고, 대신 何時와 何如時가 주로 사용되고 있다. 상황을 묻는 云何는 한대에 이르러 새로 발생한 의문대사로 보이고, 奈何가 상황을 묻는 용법에서 파생되어 원인, 목적을 묻는데 사용되기 시작한 것도 이 시기의 변화상이다. 또한 수량을 묻는데 사용된 幾何는 전대와는 다르게 술어뿐 아니라 관형어로도 사용되기 시작한다.

(2) 의문대사의 쌍음절화

시간이 흐름에 따라 발견되는 의문대사의 또 다른 변화는 뚜렷한 이음절화 경향이다. 상고 후기인 『史記』에 이르면 쌍음절 의문대사의 사용이 전대에 비해 확연히 증가한다. 즉 선진시기의 대다수 의문대사가 단음절이었던 것에 비해 이 시기에 이르면 쌍음절로 구성된 의문대사가 많이 사용되고 있다. 특히 새로 만들어진 대다수의 의문대사가 쌍음절이라는 점이 눈에 띈다. 胡爲, 曷爲, 何等, 何所, 安所은 奈何, 云何 등은 모두 한 대에 새로 등장한 이음절 의문대사들이다. 이는 한대에 이르러 뚜렷하게 진행된 중국어 어휘의 쌍음절화 추세를 의문대사 역시 그대로 반영하고 있는 것으로 보인다.

(3) 의문대사 계통의 변화

앞서 우리는 상고 시기 중국어 의문대사를 그 기능에 따라 7종류로 나누어 살펴보았다. 그런데 상고 후기인 한대에 이르면 시간을 묻는 의문대사가 실제 언어생활에서 거의 사라지는 추세를 보이게 된다. 다시 말해 의문대사 계통 자체에 변화가 생기게 된 것이다. 물론 그렇다고 시간을 묻는 의문 용법이 사라진 것은 아니고, 대신 시간에 관련된 명사와 함께 명사구를 이루면서 전대의 의문대사를 대체하였다. 다시 말해 시간을 물을 때 사용되던 何, 害, 曷가 더 이상 사용되지 않고, 何時나 何如時가 그 역할을 전담하게 된 것이다. 이로서 전체 의문대사 계통에 변화가 생겼다고 볼 수 있는 것이다.

04. 小結

이상으로 『論語』, 『孟子』, 『史記』에 나타난 의문대사를 기능별로 나누어 일별하고 그 변화과정에 대해 간략하게 나마 살펴보았다. 상고 중국어 의문대사의 가장 두드러지는 특징이라고 한다면 우선 하나의 의문대사가 여러 기능을 한다는 점이다. 가령 何는 사물은 물론 사람, 방법, 시간 등 다양한 의문을 표시하는데 사용된다. 이음절 의문대사 奈何 역시 방법을 묻기도 하고, 이유나 목적을 묻는데 사용되기도 하였다. 이렇듯 하나의 의문사가 다양한 질문을 하는데 사용되었다는 점은 고대 중국어 의문대사의 두드러진 특징이라 하겠다.

시간의 흐름에 따른 의문대사의 변화와 발전에 대해서 말하자면, 대략 몇 가지 방면으로 나누어 볼 수 있다. 첫째 용법상의 변화가 발생하였다. 예컨대 의문대사 何가 개사의 목적어로 사용되면서 개사의 뒤에 위치하기 시작하였다. 둘째 개별 의문대사의 쇠퇴와 새로운 의문대사의 등장을 언급할 수 있다. 전반적으로 보면 새로 발생한 의문대사보다 쇠퇴한 의문대사가 많은데, 이로써 상고 중기에서 후기로 가면서 상당정도 정리되고 간략화 된 것으로 볼 수 있다. 셋째 상고 후기로 갈수록 쌍음절 의문대사가 많아지는 점도 거론할 만하다.

〈참고문헌〉

孫錫信,『漢語歷史語法要略』, 復旦大學出版社, 1992

王力,『漢語史考』, 中華書局, 1980

王海芬,『漢語疑問範疇辭典』, 江蘇教育出版社, 2001

楊伯峻·何樂士,『古漢語語法及其發展』, 語文出版社, 2001

易孟醇,『先秦漢語語法』, 湖南教育出版社, 1988

백은희, 「先秦漢語의 ɣ系 疑問詞에 관한 硏究」, 중국문학 32집, 1999

이종철, 「『論語』『孟子』에 나타난 先秦時期 疑問詞 小考」, 중국어문학논집 24호, 2003

이종철, 「『史記』 疑問文 硏究」, 안양대 인문과학연구 제13집, 2005

王海芬, 「先秦疑問代詞誰與孰的比較」, 中國語文 1982 제1기, 1982

貝羅貝·吳福祥, 「上古漢語疑問代詞的發展與演變」, 中國語文 2000 제4기, 2000

〈Abstact〉

本文分析〈论语〉,〈孟子〉,〈史记〉里的疑问代词的用法与特点, 进一步探讨上古汉语疑问代词的变化和发展。〈论语〉与〈孟子〉是先秦时代的文献, 大都以疑问句构成的, 出现多样的疑问代词,〈史记〉是汉代的大型历史著作, 也多用各种疑问句。由于上古汉语当中一个疑问代词表达的疑问范围很广泛而且往往可以表达多词性, 容易引起相异的解释, 所以了解各疑问代词的用法和特点是非常重要的。本文对〈论语〉,〈孟子〉,〈史记〉里的疑问代词进行研究, 首先根据表现方式和功能把疑问代词分类若干类型, 然后分析各疑问代词的语法功能与其特点。

4장 中國 對聯 이야기

01. 序論

"生意興隆通四海, 財源廣進達三江" 우리 동네 중국 음식점에 걸려있는 對聯이다.[41] 중국 사람이 있는 곳이면 어디서라도 흔히 볼 수 있는 것이 바로 이 對聯이다. 중국의 수많은 명승지에도 어김없이 다양한 대련이 걸려 있다. 지난번 중국여행에서 느꼈던 일이다. 春節을 며칠 앞두고 중국전역은 축제분위기로 떠들썩했다. 그때 한 방송국에서 春聯을 공모하는 것을 보았다. 가장 큰 명절인 春節을 앞두고 그렇게 春聯을 통해 새해의 기쁨과 흥을 돋군다는 사실이 새삼 신선했다.

對聯은 즉 대구를 이루는 문구를 말한다. 기본적으로 상 하련의 字數가 같아야 하고 字義 또한 대를 이루어야 한다. 왜 대구를 추구하는가. 중국 사람들의 마음속에 짝수는 길상의 상징이며 중국어 문장 또한 쌍을 이루고 짝을 이루는 것을 아름답다고 여

---

41   수원시 장안구 고등동에 위치한 高等飯店이다. 52년의 전통을 가지고 있으며 3대째 화교가 운영하는, 수원에서는 널리 알려진 중국 음식점이다. 여러 장식품이 다양하게 진열되어 중국풍이 농후하며 두 개의 對聯이 더 걸려 있다.

긴다. 세상에는 실로 무수한 대칭물이 있다. 사람의 눈, 귀, 손, 다리가 그렇고 인공적인 장식품의 경우도 대칭을 이루는 경우가 많다. 일반적으로 대칭 구조는 사람들에게 안정감을 준다. 이러한 대칭의 중시는 물론 중국에만 국한되는 것은 아니다. 서양의 경우에도 마찬가지로 대칭의 미를 중시한다. 하지만 서양의 경우 문자를 가지고 한자와 같이 자유롭게 대칭을 이루기가 어렵다. 漢字는 한 글자 한 글자가 의미를 지니고 있어 마치 벽돌처럼 얼마든지 자유롭게 대칭되는 聯語를 배치할 수 있다. 또 한 가지, 對聯은 또한 書法의 예술이다. 탄력이 강한 붓을 이용하여 자유자재로 변화를 줄 수 있으며, 그를 통해 생동감 있고 다채로운 표현이 가능한 것이다. 이렇듯 對聯은 한자 본연의 특성과 밀접하게 연관된 언어예술이라고 할 수 있는 것이다.

그렇다면 이러한 對聯을 쓰는 목적은 무엇일까? 먼저 가장 쉽게 생각해 볼 수 있는 것이 滅禍昇福에 대한 기원일 것이다. 실제로 초기 대련들은 거의 이러한 滅禍昇福의 염원을 담고 있다. 즉 화를 피하고 복됨을 기원하는 마음은 동서고금을 막론하고 인간의 공통적인 심리일 것이다. 그 외에도 對聯을 쓰는 목적은 실로 다양하다. 경치 수려하고 역사와 전통이 있는 많은 명승고지에 걸리는 對聯은 아름다운 풍광을 더욱 돋보이게 하고 그곳에 얽힌 역사를 되새기는 목적을 갖는다. 뿐만 아니다. 對聯을 통해 자신의 이상과 포부를 표현하기도 하고, 자신을 채찍질하는 경계로 삼기도 한다. 결혼과 장수를 축하하고 기원하는 목적을 지니기도 하고, 죽은 자에 대한 애도의 뜻을 표하기도 한다. 혹은 고

수끼리 자신들의 학식을 겨루는 수단으로 사용되기도 하고, 좋은 짝을 찾기 위해 쓰여진 對聯도 있다. 對聯은 인간의 정신생활을 투영하고 있는데, 즉 對聯에는 인간이 갖는 喜怒哀樂을 기본으로 삼아 삶, 자연, 세계에 대한 수많은 感受가 다양하면서도 함축적으로 담겨있다. 또한 對聯은 종류마다 정도의 차이는 있지만 일종의 장식예술이라고 할 수 있다. 중국과 중국문화에 대한 탐색이 활발한 지금, 對聯에 대한 이해 역시 하나의 좋은 통로가 될 수 있을 것 같다.

02. 對聯의 起源과 發展

對聯은 언제 처음 시작되었을까? 처음의 對聯은 어떤 내용을 담고 있을까? 아직 확실히 단정할 순 없지만, 현재까지 발견된 對聯 중에서 가장 이른 작품들로는 『宋史』에 기록된 五代 後蜀 主 孟昶이 지은 春聯과, 최근 발견된 唐代의 楹聯이 있다. 먼저 孟昶의 春聯을 보자.

新年納餘慶; 새로운 해 넉넉한 기쁨을 누리며

嘉節號長春 아름다운 계절 長春을 노래한다

새로운 봄을 맞는 기쁨을 표현하고 있는 春聯이다. 상, 하련의 앞 두 글자는 각각 新年과 嘉節 4글자가 되어 春節의 즐거운 분위기와 잘 맞아 떨어진다. 여기서 한 가지, 孟昶은 이 對聯을 桃

符, 즉 복숭아나무 위에 썼다고 기록되어 있다. 여기엔 또 관련된 전설이 있다. : 고대 동해 선산에 복숭아나무가 한 그루 있었는데, 그 나무는 길게 늘어져 그 구부러짐이 삼천리에 달했다. 나무 위에는 鬼門이 있었는데 문 옆쪽에는 神荼, 郁壘 형제 둘이 서 있었다. 그들은 신이었는데, 많은 귀신들을 관할했다. 무릇 현세에 와서 나쁜 짓을 하는 악귀들이 있으면 하나하나 잡아서 동아줄로 묶어서 현세의 호랑이에게 간식으로 주었다. 그래서 사람들은 섣달그믐이 되면 복숭아나무를 1寸 정도의 넓이와 7, 8寸 정도의 길이로 둘로 쪼개 神荼, 郁壘의 神像을 그리거나 혹은 神荼, 郁壘라는 神名을 써서 문 위에 걸었는데, 그것은 귀신을 압사시키거나 화를 없애는 것을 의미했다. 사회의 진보와 문화의 발전에 따라 이 풍속은 점점 신화의 색채로 퇴색되어 갔고, 사람들은 滅禍降福의 吉祥語를 사용하여 神荼, 郁壘의 神名을 대체하기 시작했다.[42] 한 쌍의 복숭아나무 위에는 두 구의 吉祥語밖에 쓰지 못하였으므로, 집집마다 대문 위에는 두개씩 짝을 이룬 桃符 시구가 나타날 수밖에 없었고, 그것이 바로 春聯이다. 桃符는 곧 春聯의 옛 명칭이다. 王安石의 시『元日』을 보면 새해를 맞아 桃符를 거는 풍경이 나온다.

---

42 胡奇光·强永華(1995:1-2)참조. 이하 본문에서 인용한 고사와 예문은 顧平旦 등
    (1991)의『名聯鑑賞詞典』, 胡奇光·强永華(1995)의『對聯藝術』, 常江 등(1991)의
    『中國對聯大詞典』등을 참고하였다.

爆竹聲中一歲除, 春風送暖入屠蘇;

폭죽소리 중에 한해가 가고, 봄바람에 도소주 데우네

千門萬戶曈曈日, 總把新挑換舊符

집집마다 동트는 새벽에, 새로운 도부로 옛 도부를 바꿔다네.

宋代 한 폭의 춘절풍의 풍속화가 우리들의 눈앞에 펼쳐진다. 그 폭죽소리 속에서 아침 해가 빛나고, 집집마다 대문에 붙어있는 예전의 桃符를 바꾸고 새로운 桃符를 걸어, 새로운 한해가 시작되고 萬象이 새로움으로 바뀌는 상징으로 삼는다. 桃符, 다시 말해 春聯을 거는 풍경을 묘사하고 있다.

최근에 발견된 3편의 楹聯은 晚唐시기의 것으로, 孟昶의 對聯보다 7, 80년이 앞선다. 그중의 한 편을 보자.

士君子不食唾餘, 時把海涛清肺腑;

선비와 군자는 먹지 않고도 여유를 누리고, 때에 맞추어 바다 물결로 폐부를 맑게 한다

大丈夫豈寄籬下, 還將台閣占山巔

대장부가 어찌 대조리 아래에 기탁하겠는가, 큰 누각으로 산꼭대기를 점하리라

이러한 예를 통해 보자면, 최초의 對聯은 대략 晚唐시기에 출현했다고 할 수 있겠다.

이번에는 對聯의 형성과정에 대해 알아보기로 하자. 對聯은 물론 어느 날 갑자기 만들어진 것이 아니다. 先秦時期 對偶를 거쳐 魏晉時期의 對仗과 唐代 律詩와 밀접한 연관을 가지며 차츰

완성되었다고 볼 수 있다. 對聯은 본질적으로 對偶의 예술이다. 先秦時期 문헌에서도 종종 對偶를 이루는 문장을 발견하지만, 당시의 對偶는 의도적이었다기보다는 자연발생에 가깝다고 볼 수 있다. 이어 漢賦와 騈麗文을 거쳐 魏晋時期에 이르면 對偶는 의도적으로 만들어지게 된다.『世說新語·排調』에 다음과 같은 기록이 있다. 西晉初年에 문학가 陸雲 字는 士龍, 松江人 이 洛陽에 도착하여 선비 荀隱 字는 鳴鶴, 潁川人 과 만나 두 손을 잡고 인사하며 말했다. :

荀隱 또한 아름다운 언어로 자기를 소개했다.

日下荀鳴鶴 일하의 순명학입니다

상, 하문이 가지런히 對偶를 이루고 있다. 이러한 오묘한 對偶 는 對聯의 모태라고 할 수 있다. 南朝齊梁시기 성률의 발명에 따 라 對偶 또한 점차 성숙되었고, 자각적으로 발전하여 對仗을 이 루었다. 對仗은 字意의 虛實이 서로 대를 이루고 자음의 平仄 이 어울려야 했다. 예를 들어,『南史·陳後主記』의 기록에 의하면 陳後主는 隨文帝를 따라 芒山에 올라 시를 썼다. :

日月光天德; 해와 달은 천덕을 비추고

山河壯帝居 산하는 수도를 건실케 하네

아주 표준적인 對仗文이다. 이러한 이유로 후인들은 이 對仗文을 여러 차례 궁전의 門聯으로 삼았던 것이다. 이후 당대의 율시는 對聯의 발생을 더욱 촉진시켰다. 唐代 律詩의 핵심은 對仗에 있었다. : 律詩 8구에서 3, 4와 5, 6구는 모두 對仗이어야 한다. 거기서 對仗文을 골라내면 그것이 종종 한 폭의 對聯을 이루게 된다. 예를 들어 王勃의 오언율시『送杜少府之任蜀州』에서 "海內存知己, 天涯若比隣" 두 구를 끄집어내면 곧 한 폭의 아름다운 對聯이 된다.[43]

이렇듯 對聯의 발생은 唐代이며 五代宋元으로 갈수록 확대되었고 明淸에 이르러 번성했다. 초창기 對聯은 종류가 많지 않았고, 대체적으로 春聯과 楹聯, 名勝古跡聯 등이 주를 이루었다. 對聯의 역사적 발전과 변화에 있어서 對聯이 크게 보급된 시기로 宋代를 기준으로 잡는다. 宋代에 이르러 對聯은 응용범위가 확대되었고 종류 또한 다양해졌다. 특히 사람들 간의 교류에 광범위하게 사용되면서 壽聯, 挽聯 등이 등장하게 된다. 또한 明代에 이르러 對聯은 더욱 번성하게 되고 도시문호가 발달하면서 특히 行業聯이 널리 유행하였다. 淸代에 이르러서는 종류가 더

---

43   우송대 공자아카데미 개원식에 맞추어 중국 四川大學에서 선물로 보내준 對聯도 바로 이 두 문장으로 이루어져 있다.

욱 많아졌고 作法도 더욱 다양해지고 표현수단도 풍부해졌다.

다음으로 對聯의 여러 종류에 대해 구체적으로 알아보기로 하자. 기준을 어떻게 잡느냐에 따라 종류와 명칭 등에 다소간의 차이가 있긴 하지만, 대체적으로 다음 몇 가지로 나누어 볼 수 있다.[44] : 첫 번째는 春聯으로 봄을 맞이하며 느끼는 다양한 감수를 표현한 對聯으로, 특히나 화를 몰아내고 복을 기원하는 중국인들의 세시풍속과 밀접하게 연관되어 있다. 두 번째는 名勝古跡聯으로 일종의 장식효과를 크게 지니고 있다. 수려한 풍광을 더욱 돋보이게 하고 생동감을 더해준다. 또한 歷史古跡에 담긴 故事와 인물을 되새기게 하기도 한다. 셋째는 堂聯으로 주로 거실과 서재에 달게 된다. 주인의 정신, 기개, 이상 등의 포부를 담고 있기 때문에 격언, 경어 등을 자주 聯語로 사용한다. 그러한 점에서 堂聯은 사람의 정신생활과 특히나 밀착되어 있다고 할 수 있다. 넷째로 喜聯을 들 수 있다. 喜聯은 결혼을 축하하는 結婚聯과 장수를 기원하고 축하하는 壽聯을 그 대표로 삼을 수 있는데, 말 그대로 인간의 喜慶大事를 담고 있는 對聯이다. 다섯째, 挽聯은 죽은 이를 애도하는 對聯으로, 다시 自挽聯과 他挽聯으로 나눌 수 있다. 둘 모두 진실된 감정으로 사람들을 감동시킨다. 여섯째, 行業聯을 들 수 있는데, 行業聯이란 대개 상점에 거는 對聯으로, 일종의 광고효과를 지니며 실용성을 강하게 지닌다.

---

44   이러한 분류는 對聯이 담고 있는 내용에 근거한 분류라고 할 수 있다. 그밖에 對聯을 짓는 방법. 혹은 풍격 등을 기준으로 삼아 분류를 할 수도 있을 것이다.

03. 옛 사람들의 낭만과 멋 - 春聯과 喜聯의 경우

모든 문학작품 속엔 삶에 대한 인간의 다양한 感受가 담겨있기 마련이다. 다시 말해 인간사 온갖 일들과 그에 대한 감정들로 넘쳐나는 법이다. 對聯의 여러 종류 중 특히나 즐겁고 기쁜 내용을 담고 있는 것으로 春聯과 喜聯을 먼저 꼽을 수 있을 것이다. 春聯을 쓰는 것은 새해가 시작되고 삼라만상이 다시 시작할 때 길상을 추구하고자 하는 마음에서다. 이러한 春聯의 성격과 吉祥을 추구하는 사람들의 마음을 잘 나타내주는 예가 있다.

"書聖" 王羲之는 어느 해 섣달그믐에 한 폭의 春聯을 붙였다고 한다.

春風春雨春色 봄바람, 봄비, 봄 빛깔
新年新歲新景 새해, 새 아침, 새 풍경

얼마 되지 않아 그 對聯을 도둑맞자, 그는 다시 한 폭을 썼다.

鶯啼北里 앵무새는 북쪽을 향해 울고
燕語南郊 제비는 남쪽을 향해 지저귄다.

어이없게 또 사라져버리자, 그는 묘안이 떠올라 새로 쓴 春聯을 두 쪽으로 잘라서 먼저 붙였다.

福無雙至　복은 쌍으로 오지 않고

禍不單行　화는 홀로 가지 않는다

글자마다 힘이 있었지만 이 8글자는 결코 길하지 않으니, 누구도 감히 그것을 떼어가지 못했다. 새해 첫날 새벽에 그는 사람을 시켜 그 나머지를 붙이게 하여 한 폭의 대길한 春聯을 완성시켰다.

福無雙至今早至; 복은 쌍으로 오지 않지만 오늘 아침에 왔고

禍不單行昨夜行　화는 홀로 가지 않지만 어제 밤에 갔다.

이 이야기는 비록 역사기록은 아니지만 중국민족의 禍를 피하고 吉을 찾는 심리를 정확하게 반영하고 있다.[45] 明淸시기에 이르면 황제가 직접 春聯쓰기에 적극적으로 나서기도 했다.[46] 청대에 이르러 春聯은 더욱 성행하였는데, 紫禁城에 있는 각 궁전의 문 위에는 모두 春聯이 걸려있다. 매년 12월 하순에 달아서 다음 해 정월 하순에 떼어내었다. 춘련은 도읍의 분위기를 더욱 돋구었고 일종의 아름다운 문화경관이 되었다. 예를 들어 月華門은 문무백관들이 아침에 황제를 알현하는 곳인데, 그곳엔 乾陵皇帝

45　물론 모든 春聯이 "吉祥如意"의 축원만을 담고 있는 것은 아니다. 사람들은 종종 새로운 봄을 맞이하여 春聯으로 자신의 지향과 포부를 담기도 했다. 이러한 春聯은 "吉祥如意"의 분위기가 엷어지고 그들이 추구하는 정신경계의 수준을 표현한다.

46　明代 對聯에는 朱元璋에 관한 故事가 여러 편이다. 朱元璋은 明을 세우고 나서 春聯쓰기를 장려했다고 한다.

의 春聯이 걸려있다. :

瑞啓日中, 霞映龍墀晴色逈;

상서로움이 태양을 열고, 노을이 황제의 마루를 비추니 맑은 기운이 형형하고

春來天上, 烟融鳳闕曙光高

봄이 하늘위로 오고, 연기가 황제의 궁궐에서 길게 피어오르니 새벽빛이 높다

"瑞"과 "春"은 대를 이루고 궁정의 춘광에 대한 묘사를 통해 皇家吉祥의 축원을 기탁하였는데, 실로 春聯쓰기의 오묘함이다.

청나라 황제들은 또한 春聯을 써서 大臣을 치하하기도 했는데, 예를 들어 擁正帝는 大學士 張廷玉에게 한 폭의 春聯을 써주었다. :

天恩春浩蕩; 천은이 봄에 이르러 호탕하고

文治日光華 문치는 나날이 밝게 빛나네

이 春聯은 넓게 퍼져나가 뒤에 봄을 맞는 관용적인 對聯이 되었다.

喜聯을 읽는 것도 참 즐겁다. 세상사, 어차피 기쁜 일과 슬픈 일의 반복일 진데, 기쁜 일을 두고 이렇게 대련으로 표현하여 기쁨을 즐기는 옛 사람들의 멋과 낭만이 느껴진다. 먼저 婚聯을 보자. 혼인은 인생의 일대 喜事다. 중국의 혼인풍속에 늘 붉은 종이를 잘라 "囍"자를 만들어 문에 붙인다. 일단 자형을 보면, 이 글자는

기쁜 일을 쌍으로 만드는, 즉 기쁨에 기쁨을 더한다는 의미를 표시한다는 것을 알 수 있다. 이 풍습 또한 對聯과 관련이 있다.

明代에 서울에 가서 고시를 치른 서생이 있었는데 이름이 方明秋였다. 그가 蘇州를 지날 때, 한 큰 저택에 짝을 찾는 對聯이 걸려있는 것을 보았다.

走馬燈, 燈馬走, 燈熄馬停步;

말이 그려진 등 등 위의 말이 달리다가 등은 꺼지고 말은 걸음을 멈추네

그는 對가 떠오르지 않아 마음속으로 암기했다. 서울에 도착해서 시험에 임하니, 고시 주관자가 일필휘지로 문제를 내려 대를 짓게 했다. :

飛虎旗, 旗虎飛, 旗卷虎藏身.

비호가 그려진 깃발, 깃발 속의 호랑이가 날아가다 깃발은 말리고 호랑이는 몸을 숨기네

그는 즉시 蘇州에서 보았던, 짝을 찾는 그 상련으로 대를 지었다. 주관인은 그의 재주가 민첩하고 문장을 이루는 재주를 보고 그를 선택해 進士로 뽑았다. 그는 돌아오는 길에 蘇州에 들러 시험문제였던 상련으로 대를 지었다. 역시 상, 하련이 잘 맞았고 짝을 구하는 그 여인의 남편이 될 수 있었다. 결혼식 날 그는 또한 두 개의 "囍"자를 나열하여 한 폭의 절묘하게 들어맞는 對聯을 지어 그의 두 가지 大事를 완성했다. 그로부터 시작되어 결혼에

"囍"자를 붙이는 것이 점차로 유행되었다.

혼인을 축하하는 대표적인 婚聯을 하나 보자. 청대의 才女 陸蘭生은 혼인을 축하하는 賀聯을 써서 결혼한 이에게 선물했다. :

紅燭夜深觀『博議』 붉은 초, 깊은 밤에『博議』를 보고

綠窓風靜咏『周南』 녹색 창 바람이 고요할 때『周南』을 읊는다

『博議』는 즉『東萊先生左氏博議』를 가리키는 것으로, 송나라 呂祖謙이 지었는데『左傳』에 대한 일종의 설명을 한 책으로 신혼 때 지었다고 한다. 그러므로 신혼의 佳語에 자주 인용되었다. 『周南』은『詩經·國風』안에 있는 일련의 시로, 그 중에 적지 않은 戀詩가 있다. "『博議』을 보고,『周南』에 감탄한다."는 것은 신혼생활에 서정미를 더해준다.

결혼을 축하하는 내용을 담은 婚聯 뿐 아니라, 對聯을 사용하여 혼인이라는 喜事를 이룬 경우도 있다. 문화가 창궐하던 고대에는 이처럼 對聯으로 인연을 맺은 아름다운 이야기가 적지 않다. 南宋의 문인 余童은 어렸을 때부터 총명했는데, 장성해서도 비범했으니 이웃마을의 項씨가 그를 매우 좋아했고 그를 사위로 삼으려고 생각했다. 어느 날 余童이 내방을 했을 때, 項씨는 그의 재화를 시험하기 위해 특별히 한 련을 읊었다. :

杜宇一聲春畫永, 午夢將殘;

두견새가 한번 울고 봄 낮이 기니 오후의 꿈이 남아있네

余童은 곧 하련을 이어갔다;

黃鶴百囀曉風淸, 宿醒消盡
황학이 백 번을 지저귀고 새벽바람이 맑으니 숙취가 사라지네

項씨는 크게 기뻐하여 그의 딸을 그에게 시집보냈다. 이 고사
는 아버지가 대련을 사용하여 사위를 고른 이야기지만, 대련을
통해 직접 상대를 고른 여자들의 이야기도 적지 않다. 시대가 그
옛날 봉건시대라는 것을 생각해보면 굉장히 신선하고 또 낭만적
으로 다가온다.

결혼이 일생일대의 喜事라면, 長壽 또한 인생의 큰 즐거움이
다. 건강하게 오래오래 행복하게 잘 사는 것이야 말로 누구나가
꿈꾸는 바람 아니겠는가. 옛 사람들은 이러한 장수를 축하하고
또 그것을 기원하는 마음을 對聯으로 멋지게 표현했다. 현존하는
자료에 의하면, 婚聯은 淸代에 시작되었고, 壽聯은 宋代에 그 기
원을 두고 있다. 宋代 孫奕의 『示兒編』에 吳叔經이 黃耕庚 부인
을 위해 쓴 수련이 기록되어 있다. :

天邊將滿一輪月; 천변은 장차 둥근 달로 채워지고
世上還鍾百歲人 세상은 또한 백세의 사람을 돌려주네

상련은 황부인의 생일과 맞아떨어지는데, 그녀의 생일은 3월
14일이기 때문에 "將滿"의 달이라 말한 것이고, 하련은 황부인에

대한 축원을 표시하는데, 그녀가 장수하여 100세까지 살기를 축
원하고 있다.

壽聯은 또한 장수자의 공덕으로 그 제재를 삼기도 한다. 晩晴,
영국군이 장강하구로 침범해 들어와 揚州城을 압박했다. 성내
사람들은 황망하고 분분해져 도망가기 바빴다. 조정에서는 但云
湖로 하여금 전체 군인의 방어태세를 갖추게 하고 백성들의 일을
안정시키게 했다. 영국군은 揚州가 준비된 것을 보고 군사를 물
릴 수밖에 없었다. 성내의 士紳들은 但云湖의 장수를 축원하기
위해 각자 對聯을 만들어 그 공덕을 기렸다. 그러나 어떤 대련은
단어선택이 적절치 않았는데, 심지어 唐代의 명장 郭子儀가 안
사의 난을 평정한 것을 모방하는 등 聯語들이 분분했다. 오직 대
학자 阮元이 쓴 壽聯이 가장 뛰어나다. :

菊花潭里人同壽; 국화담 안의 사람들은 같이 장수하고
揚子江頭海不波 양자강의 물은 파도를 일으키지 않는다

이 對聯은 스케일이 크고 또한 但云湖의 신분에 부합된다. "海
不波" 세 글자는 그가 영국에 저항한 공적을 암시하는 대가의 표
현답다. 春聯과 喜聯, 대부분 즐겁고 기쁜 마음을 표현한다. 따
라서 활기가 넘치고 생동감이 있으며, 더 없는 기쁨과 즐거움이
곳곳에 묻어난다. 봄을 맞는 기쁨, 복됨을 기원하는 마음, 결혼의
기쁨, 장수의 기쁨, 기쁨은 나누면 배가 된다고 했던가. 春聯과
喜聯을 통해 옛 사람들의 멋과 낭만을 느낄 수 있다.

04. 錦上添花의 묘미, 絶景에 妙文을 더한다 - 名勝古跡聯

천하의 절경, 혹은 역사고적지 앞에 서면 저절로 감흥이 생기게 마련이다. 뛰어난 묵객은 바로 붓을 들어 문장을 짓는다. 이에 사람들은 絶景에 감탄하고 妙文에 다시 한번 놀라게 되는 것이다. 對聯이 장식의 효과를 지닌다고 했을 때, 특히 이 名勝古跡聯이야 말로 그러한 요구에 잘 부합되며, 소위 畵龍點睛, 혹은 錦上添花의 묘미가 있는 것이다. 名勝古跡聯은 다시 風景勝地聯과 文化古跡聯으로 나누어 볼 수 있다. 먼저 風景勝地聯을 보자. 風景勝地의 對聯은 주로 山水聯과 園林聯을 가리킨다.

揚州 西湖 小金山에 달을 감상하고 시를 읊는 月觀이 있었다. 청나라 사람 鄭板橋는 친히 對聯을 지었다. :

月來滿地水; 달이 와서 땅의 물을 가득 채우고

雲起一天山 구름이 천산을 일으킨다

月色이 물과 같고, 구름이 이는 것이 산과 같으니 얼마나 청유한 세계인가! 蘇州엔 더욱 유명한 園林이 세워졌으니 예를 들어, 剛師園 안에는 수면에 맞닿아 있는 濯纓水閣이 있는데 안에 對聯이 하나 있다. :

水面文章風寫出; 수면 위의 문장은 바람이 와서 썼고

山頭意味月傳來 산머리의 뜻은 달이 전해오네

가깝게 맞닿아 있는 물무늬와 산색을 실감나게 표현했으니 오묘하다. 절경에 어디 園林만 있겠는가. 崇山峻嶺에 대해 말하자면 당연히 山東 泰山을 말할 것이다. 泰山의 주봉은 玉皇頂에 있는데, 玉皇頂에는 한 폭의 名聯이 있다. :

下方雷雨晴空見; 아래쪽으로는 천둥과 비바람 맑게 갠 하늘이 보이고
上界星辰靜夜捫 위에는 별들이 고요한 밤을 어루만지네

글자 글자가 신기하고 절묘하며, 상련은 특히 마음을 감동시킨다. 泰山과 남북으로 마주보고 있는 것이 江西 廬山이다. 廬山의 절정은 大漢陽峰에 있는데, 大漢陽峰에는 청인 李漁의 名聯이 있다. :

足下起祥雲, 到此者應帶幾分仙氣;
발 아래로 길한 구름이 이니, 여기에 이르는 자는 마땅히 약간의 선기를 가지게 된다
眼前無俗障, 座定後宜生一點禪心
눈앞에는 가로 막는 것이 없으니, 정좌 후 마땅히 얼마간의 선심이 생기게 된다

廬山의 정점에 올라, 얼마간의 흩날리는 仙氣를 더하고, 약간의 禪心을 일으킨다면, 간단히 말해 범속을 초월한 신선의 경지에 이른다는 것이다.

중국에는 수많은 문화고적지가 있다. 이러한 문화고적에 대한 對聯은 勝迹聯, 祠堂聯, 陵墓聯, 廟宇聯, 寺觀聯 등을 포함할

수 있는데, 그 중에서 특히 勝迹聯이 주목을 끈다. 몇 개만 예를 들어보자.

역사상 남아있는 저명한 宮殿, 官邸 또한 勝迹으로 볼 수 있다. 이런 곳의 對聯은 자연히 勝迹聯이 된다. 북경의 太極殿에는 청대 康熙帝의 對聯이 있다. :

以仁義爲巢, 鳳儀阿閣;

인의로 보금자리를 삼으니, 봉황이 전각에서 춤을 춘다

與天人合機, 象供宸居

사람과 하늘이 그 틀을 합치니, 코끼리가 절을 올린다

그 뜻은 仁政을 행하고 天意에 따른다는 것이다. 이에 곧 봉황도 전각 위에서 춤을 출수 있고, 코끼리도 황궁 앞에서 절을 할수 있다는 것이다. 聯語가 이치에 잘 맞고 또한 아주 형상적이다.

祠堂聯, 陵墓聯은 늘 역사 名人을 기념하는 문자로 오랫동안 세간에 전해진다. 예를 들어 山東 曲府 孔廟聯을 보자. :

敎澤垂千古; 가르침의 연못은 천고에 드리우고

泰山終不頹 태산은 영원히 무너지지 않는다

孔子의 학설은 천년을 넘어도 폐하지 않으니, 태산과도 같다는 말이다.

천하의 명판관 包靑天의 사당은 安徽 合肥에 있다. 이곳에 있는 包公祠聯을 보자.

理冤獄, 關節不通, 自是閻羅氣象
원통한 사건을 다스리매 편법은 통하지 않았으니 스스로 염라의 기상이다

賑灾黎, 慈悲無量, 依然菩薩心腸
재난을 규휼하매 자애로움이 끝없으니 의연히 보살의 심장이다

包靑天이 그렇게 높은 인기를 누리는 이유는 무엇인가. 자신의 사사로운 이익에 눈멀지 않고 공과 사를 명확히 구분 지으며 자신의 신념에 철저했기 때문이다. 자고로 이런 이들이 드물다. 자신의 이익을 위해 수단과 방법을 가리지 않는 많은 정치인과 고위관료들의 모습이 도리어 더 익숙하다.

名勝古跡聯은 對聯의 여러 종류 중 그 수량이 가장 많다. 이는 거대한 국토와 유구한 역사를 지닌 중국이라는 나라의 지리적 역사적 특징에 비추어보면 자연스레 수긍이 가는 대목이다. 그만큼 많은 천하 명관과 수없는 역사고적지가 있다는 것이겠고, 한 가지 더 생각해본다면, 그러한 명승고적 앞에 서서 그에 대한 감흥을 적극적으로 표현하기 위해 수많은 묵객들이 붓을 들었다는 점이다. 하긴 그러한 절경과 역사고적지에서 누군들 감흥이 없겠는가. 하지만 그렇다고 누구나 그 곳을 더욱 빛내줄 名對聯을 쓸 수는 없는 일 아니겠는가. 다만 빼어난 묵객만이 도달할 수 있는 성취리라. 인생은 짧아도 예술은 긴 법, 그들의 문자는 그대로 남아 畵龍點睛, 錦上添花의 묘미를 더하면서 후인들에게 전해지고 있다.

05. 절개와 기상, 혹은 애도와 슬픔 - 堂聯과 挽聯

對聯의 종류 중 堂聯과 挽聯은 사람들의 정신생활에 특히 가깝게 밀착되어 있다. 堂聯은 廳堂, 居室, 書齋 등의 장소에 걸리는데, 주인의 정신, 기개, 이상, 포부 등을 표시한다. 그래서 堂聯은 대개 격언, 경어 등이 사용되며 자주 좌우명으로 삼아지게 된다. 挽聯은 기본적으로 죽은 이를 애도하는 내용을 담는데, 뿐만 아니라 자신의 변함없는 기개, 혹은 인생에 대한 깊은 성찰을 표현하기도 한다. 좋은 挽聯엔 반드시 진실한 감정이 담겨야 하는데, 그것이 사람들을 감동시킨다.

분발하기 위해서는 곧 勤學해야 한다. 청소년에게 勤學이란 주로 분투하여 공부하는 것을 가리킨다. 北宋의 張載는 어렸을 때 서재에 對聯을 지어 달았다. :

夜眠人靜后; 밤에는 다른 사람들이 잠든 후에 자고

早起鳥啼先 아침에는 새가 울기 전에 먼저 일어난다

勤學을 향한 강한 의지를 담고 있는데, 자신의 의지처럼 그는 이후 위대한 철학자가 되었다.

명대의 저명한 지리학자 徐霞客은 일찍이 고향인 小香山 梅花堂에서 매화를 감상하며 堂聯을 한 폭 지었다. :

春隨香草千年艶; 봄은 향초를 따라 천년동안 요염하고

人與梅花一樣淸 사람은 매화와 더불어 늘 푸르다

그의 품성 또한 만개한 매화와 닮았다고 한다.

명말청초의 걸출한 사상가 王夫之는 청조에 반대하여 湘西에
은거했는데 초당 위에 對聯을 썼다. :

清風有意難留我; 청풍은 뜻이 있어 내가 머물기 어렵고
明月無心自照人 명월은 무심하니 스스로 사람을 비추네

"清風", "明月"은 청조와 명조를 암시하고 있으니, 對聯속에서
明을 칭송하고 清을 부정하는 의미를 함축하고 있으며, 작자의
숭고한 민족기개를 반영하고 있다.

청대의 저명한 화가 鄭板橋는 縣官을 지낸 바 있는데, 힘없는
농민들을 위해 소송을 돕고 헐벗은 사람들을 규율하는데 노력한
이유로 지방 유지들에게 미움을 샀고, 마침내 파면 당했다. 그는
자주 對聯을 지어 권력과 부귀를 풍자했다. 한번은 어떤 친구가
그에게 자신의 자화상으로 삼을 對聯을 써주기를 부탁했다. 이에
한 폭의 對聯을 읊었다. :

虛心竹有低頭葉; 마음을 비운 대나무는 밑에 잎이 있고
傲骨梅無仰面枝 강골 같은 매화는 우러러 볼 가지가 없다

梅竹은 青松과 마찬가지로 志士仁人의 인격상징이다. 그는 이
렇게 對聯을 통해 자신의 기개를 펼쳐 보인 것이다.

"清官難斷家務事"이란 말이 있다. 四世同堂의 봉건 대 가정

에서는 늘 여러 가지의 분규가 있었는데, 심지어는 사활을 건 다툼도 있었다. 淸代의 南海 大令인 徐臺英은 아들의 결혼식에서 한 폭의 堂聯을 써서 治家의 격언으로 삼았다. :

女無不愛, 媳無不憎, 願世上翁姑推三分愛女之情以愛媳;

딸은 사랑하고 며느리는 미워하니, 원컨대 세상의 시어머니들이 딸을 사랑하는 것의 삼

분의 일 만큼만 며느리를 사랑하라

妻易于順, 親易于逆, 望汝曹人子減半點順妻之心以順親

아내를 따르는 것은 쉽고 부모에게는 반대하기 쉬우니, 바라 건데 아들이 부인을 따르는

것의 반을 줄여 부모를 따르라

그 내용이 사리에 맞고 확실하다. : 시어머니가 딸을 사랑하는 것의 3분의 1만큼만 며느리를 사랑하고, 아들이 부인을 따르는 마음의 반을 줄여 부모에게 순종하면 그 가정이 화목할 수 있는 것이다. 예나 지금이나 똑같이 해당되는 말일 것인데, 특히나 그 봉건사회에서 그 말을 실천했던 가정이 과연 얼마나 있었을까.

관리사회의 풍운은 변화무쌍하여 관운의 정점이 곧 재난의 출발점이 되는 경우가 종종 있었다. 청대 同治 年間 徐宗干이 福建지방의 군정대신으로 부임해 갈 때, 전임 대신은 사람들에게 붙잡혀 관직을 박탈당했다. 그것을 본 徐宗干은 對聯을 지어 스스로의 경계로 삼았다.

一半黑時犹有骨; 눈 깜짝 할 사이에 짐승은 뼈가 되고

十分紅處變成灰 잠깐의 영화로움도 곧 재로 변한다

숯을 굽는 것으로 관리되는 것을 비유했는데, 정말 놀랄만한 붓이다. 많은 관리들이 서씨의 對聯을 걸어놓고 스스로의 경계로 삼았다.

挽聯은 고대 挽歌의 변체다. "挽"은 잡아당긴다는 뜻이다. 古人들은 죽은 이를 매장할 때 모두 새끼줄로 관을 묶어 끌면서 한편으론 앞으로 걸어가며 한편으론 죽은 이를 애도하는 노래를 불렀다. 끄는 것이 관이었으므로 "挽歌"는 원래 "輓歌"라고 했다. 후대인들이 시가를 쓰지 않고 짝을 이루는 聯語로 애도의 마음을 표시했으니 그래서 挽聯이 생긴 것이다. 挽聯은 다시 自挽과 他挽 2종류로 나뉜다. 현존하는 사료에 의하면, 自挽聯은 宋代에 나타났다.

南宋의 "中興賢相" 趙鼎은 금나라에 항전을 벌이자고 주장하여 투항파 秦檜와 대립의 입장에 놓이게 되었다. 秦檜는 송 고종의 비호가 있었기에 趙鼎에 대해 압박을 가했고, 마침내 그를 해남도로 귀향 보내고 그를 그곳에서 굶어죽게 했다. 趙鼎은 세상과 하직하기 전 침착하게 사후의 일을 안배한 후, 영구 앞의 깃발에 한 폭의 對聯을 남겼다. :

身騎箕尾歸天上; 몸은 죽어서 하늘로 돌아가지만

氣作山河壯本朝 기는 산하가 되어 본 왕조를 지킨다.

이것이 自挽聯의 시작이다. 대련 중 "騎箕尾"는 "死"에 대한 美稱이다. 전설에 殷王 武丁의 현상이 죽은 후 승천하여 하나의 별이 되어 箕星과 尾星사이에 놓이게 되었다고 한다. 후에 대신이 죽는 것을 가리켜 "騎箕尾", 혹은 "騎箕"라고 했다.

他挽聯의 예를 들어보자. 청대학자 紀昀은 對聯大師이다. 어느 해, 大學士 劉統勛이 세상을 떴다. 劉統勛은 사람됨이 정직하여 그 명성이 온 사방에 알려졌다. 그의 죽음은 바로 큰 별이 떨어진 것과 같았다. 紀昀은 즉시 비흥의 수법으로 한 폭의 對聯을 완성하여 그를 추모했다. :

岱色滄茫衆山小; 대색이 창망하여 뭇 산들이 작고

天容慘淡大星沈. 하늘빛이 참담하니 큰 별이 졌다

문구가 신기하고 말이 진중하니, 大學士 劉統勛의 명성과 인품에 걸 맞는 挽聯이라고 하겠다.

晚淸 鑒湖의 女俠 秋瑾이 일본에서 유학하고 있을 때, 만청을 전복시킬 혁명 활동에 종사하느라 어머니 장례에 참석하지 못했다. 그래서 한 폭의 挽聯을 지어 자신의 비통한 심정을 기탁했다. :

樹慾寧而風不靜, 子慾養而親不待, 奉母百年豈足?

哀哉數朝臥病, 何意撒手竟長逝, 只享春秋六二

나무는 편안하고자 하나 바람은 그치지 않고, 자식이 부모를 모시려 하나 부모는 기다려

주지 않네. 부모를 모시는 것이 백년인들 어찌 족하겠는가?

슬프다. 수년간 와병하였는데 어찌하여 손을 거두고 세상을 뜨시는가. 이제 겨우 예순 둘

인데.

愛我國矣志未酬, 育我身矣恩未報, 愧兒七尺微軀!

幸也他日留芳, 應是慈容無再見, 難尋瑤島三千!

내 나라를 사랑하는데 뜻은 아직 갚지 못했고, 내 몸을 기르셨는데 그 은혜 아직 갚지 못

했구나. 자식의 이 작은 몸은 부끄럽다!

희망한다. 부디 다른 세계에서는 행복하시길, 이제 어머니 얼굴을 다시 보지 못하는구나.

요지를 찾기 어려울지니!

한 글자 한 글자가 폐부에서 나오듯 어머니를 애도하는 마음과 나라를 사랑하는 마음이 결합되어 그 감동을 더하고 있다. 대련 중의 "瑤島"는 곧 "瑤池"로서 신화 속 西王母가 거주하는 지방을 가리키고 있다.

이처럼 堂聯과 挽聯은 對聯의 여러 종류 중에서도 특히나 진중한 느낌을 준다. 끝까지 굽히지 않는 기개와 어떤 고난도 뚫고 나가리라는 강한 의지를 담는 堂聯이나, 사랑하는 가족, 친구, 연인을 떠나보내는 절절한 슬픔을 참으며 떠나는 이를 애도하는 挽聯은 보는 이의 가슴을 움직이게 하는 진실함을 담고 있다.

06. 실용성, 광고효과 - 行業聯

行業聯은 곧 상점, 점포의 문에 거는 對聯이다. 行業聯을 쓰는 것은 광고이자 고객을 부르기 위함이다. 일반적으로 行業聯은 각 직업의 특징에 근거되므로 다양한 각도에서 구상된다. 行業聯을 쓰기 위해 比喩나 典故, 集句 등의 수법을 많이 사용하는데, 이로서 사람들에게 상상의 여지를 충분히 남겨둔다. 몇 가지 예를 들어보자.

직업의 특징을 잘 드러냄과 동시에 나아가 따뜻한 휴머니즘까지를 표현하고 있는 裁縫鋪聯이다.

人受凍寒非我願; 사람들이 추위에 떠는 것은 내 바라는 바 아니니

世皆溫暖是予心 온 세상이 모두 따뜻해지는 것이 내 마음이로다

빼어난 비유가 일품인 裁縫店聯을 하나 더 보기로 하자.

妙手裁雲錦; 오묘한 손은 구름 비단을 재단하고

精心剪春光 정교한 마음은 봄빛을 자른다

"雲錦", "春光"으로 새로운 옷을 비유하고 있는데 참으로 신선하다.

燈具店聯은 상품의 용도를 소개할 수 있다. :

不愁夕陽去; 석양이 지는 것을 근심하지 않으니
還有夜珠來 또한 야광진주가 돌아오네

木匠鋪聯은 특정성을 지닌 공구를 그 창작대상으로 삼을 수 있다. :

曲尺能成方圓器; 곡척은 네모와 동그라미를 다듬는 공구가 될 수 있고
直線調就棟梁材 직선은 기둥을 조절하는 기구다

理髮店聯은 작업의 성질과 기술을 설명할 수 있다. :

不敎白髮催人老 백발을 다듬지 않으면 노년이 빨리 오고
更喜春風滿面生 춘풍을 다시 기뻐하니 만면에 활기가 가득하다

이런 예도 있다. :

進來烏斗宰相; 들어올 땐 늙스구레한 재상
出去白面書生 나갈 땐 패기만만한 젊은이

刀剪店聯에서는 상품을 특징을 빌어 모종의 철리를 부여할 수 있다. :

不歷幾番錘煉; 몇 차례 단련을 거치지 않는다면

怎成一段鋒芒? 어찌 날카로운 칼과 바늘이 되겠는가

어떤 行業聯들은 哲理性이 매우 강한데, 예를 들면 竹器店聯이 그렇다. :

莫將不器論君子; 그릇이 아닌 자 군자를 논하지 마라

能解虛心是我師 허심을 이해하는 자가 나의 스승이다

行業聯은 교류성, 즉 실용성이 매우 강한데, 그것의 대상은 곧 고객이다. 그리하여 고객의 심리를 건드릴 수 있느냐 하는 것이 좋은 行業聯을 쓰는 마지막 단추가 된다.

07. 對聯에 대한 多角的 分析

(1) 對聯쓰기의 요령 - 創新과 翻新, 集句, 借用

어떤 작품의 성공여부를 가늠할 때 創新은 중요한 잣대가 된다. 對聯도 마찬가지여서 좋은 對聯을 짓기 위해서는 創新이 필요했다. 그러나 그것은 저절로 되는 것도, 또 억지로 끌어 같다 붙여서 되는 것도 아니었다. 글자를 잘 이용해야 하고, 또 그러면서도 對聯이 담고자 하는 환경과 인물 등의 객관적 사물과 주관적 감정 등에 잘 부합되어야만 가능한 것이다. 몇 개의 예를 들어보자.

明代에 신동이 하나 있었는데, 萬安이라 불렸다. 그의 집에 손님이 하나 왔는데, 시 짓기를 좋아했다. 어느 날 아침 그 손님이 정원에서 산책을 하는데, 붉은 해가 동쪽에서 뜨는 것을 보고 서쪽의 잔월을 보며 긴 탄식을 금치 못했다.

日在東, 月在西, 天上生成 "明"字
해는 동쪽에 있고 달은 서쪽에 있으니 하늘에 "明"자가 만들어지네

단어는 모두 평범했지만 계속해서 하련을 짓자니 도리어 어려웠다. 손님은 계단에 앉아 멍하니 생각에 잠겼다. 萬安은 그것을 보고 마음속으로 생각했다. 그가 고개를 들어보니 서동과 노비가 우물가에 가서 물을 긷는 모습이 눈에 들어왔다. 그것을 병행시키니 하련이 떠올랐다. :

子在右, 女在左, 世間配定"好"人
남자가 오른쪽에 있고 여자가 왼쪽에 있으니 세상에 "好"인이 배치되네

"女"와 "子"가 조합되어 "好"자가 생기니, 상련의 "日"와 "月"이 조합되어 "明"자가 된 것과 대를 이루고 절묘한 佳聯이 탄생한 것이다. 이 가련의 탄생은 실재하는 특정한 생활환경에서 그 대치가 가능한 사물을 발견하는 것에서 기인된 것이다. 日과 月이 교차하여 빛나고 女와 子가 병행하니 각각 明과 好 두 글자를 제련해내었는데, 이것이 바로 예술의 創新이다.

西漢 초년의 대장군인 韓信은 위세가 당당하고 백전불굴의 영웅이었으나 토사구팽의 비참한 형상으로 생을 마감했다. 『史記』는 그를 위해 열전을 만들었는데 대략 팔천 자 전후를 사용했다. 또한 山西 霍縣 韓侯岭의 韓信祠廟聯에 열 글자로서 그의 일생을 개괄했다. :

生死一知己; 생사에 한 명의 지기가 있었고
存亡兩婦人 존망에 두 명의 부녀자가 있었다

이 對聯은 인물관계의 각도에서 썼다. 당초 진심으로 韓信을 보호한 이가 蕭何이고, 후에 韓信을 모함한 이 또한 蕭何였으니 소위 "成也蕭何, 敗也蕭何"라 할만하다. 韓信이 어려서 거의 굶어죽게 되었을 때 다행히 "漂婆"의 구제를 받았고, 覇王 項羽에게 승리한 후 "知己"인 蕭何에 의해 속아서 궁에 들어가 如后의 손에 죽었다. 이러한 遭遇는 중국 역사상 극히 드물다고 할 수 있다.

創新과 상대되는 수법으로 飜新, 集句, 借用을 들 수 있다. 飜新은 이미 존재하는 문장에 문자 상의 개조, 예컨대 글자를 바꾸거나 어순을 바꾸는 방법을 사용하여 다른 의미의 對聯을 이루어 내는 것이다. 예들 들면 다음과 같다.

명대의 간신 嚴嵩에 반대한 사람으로 이름 높던 楊繼盛은 옥중에서 對聯을 하나 썼다. : "鐵肩膽道義; 辣手着文章" 중의 "辣"자는 그가 嚴嵩에게 상소하여 그와 벌이는 투쟁의 견고함을

표시하는 것이었다. 현대에 이르러, 李大釗는 楊繼盛의 명련에 한 글자를 고쳐서 친구에게 주었다. :

鐵肩膽道義; 강철 같은 어깨는 도의를 짊어지고
妙手着文章 신묘한 손은 문장을 적는다

"妙" 한 글자는 그가 진리를 선전함에 탁월한 재능을 가졌음을 반영하는 것이다.

翻新과 비교하여 더 자주 사용되는 수법은 集句이다. 集句란 두 편의 시문에서 각각 취해 한 문장을 만드는 것으로, 그것을 병합하여 새로운 의미의 對聯을 만드는 것이다. 통상적으로 詩歌를 취합하여 만드는 경우가 많다. 예를 들어 湖南 益陽의 桃江亭聯이 그러하다. :

桃花盡日隨流水; 도화가 날을 다하니 물을 따라 흘러간다
江月何年初照人 강 위의 달은 언제 사람을 비추려나

상련은 당나라 張旭의 시 『桃花溪』에서 취했고, 하련은 당나라 張若虛의 『春江花月夜』에서 각각 취하였다. 상 하련은 "桃"자와 "江"자 두 자를 나누어 끼워 넣었는데, 마치 張旭, 張若虛의 시구가 桃江亭을 위해 지어진 것처럼 느껴지니, 정말 하늘이 지은 것처럼 오묘하다.

그리고 借用의 방법이 있으니, 借用이란 즉 적시적소의 표현

을 이용하여 적시적소의 對聯을 짓는 것을 말한다. 濟南 大明湖의 섬 위에는 歷下亭이 있다. 일찍이 당나라 때 詩聖 杜甫가 『陪李北海宴歷下亭』이란 시를 지은 적이 있다. 시에는 다음과 같은 문장이 있다. :

海右此亭古; 바다 오른편 이 정자는 오래됐고

濟南名士多 제남에는 명사들이 많다

후인이 즉 이 두 구로서 歷下亭을 위해 對聯을 지으니, 확실히 아주 절묘한 대련이 탄생했다.

(2) 漢字의 다양한 활용

對聯은 결국 한자의 활용에 근거한다. 漢字는 字形, 字音, 字義 세 가지 요소로 구성된다. 그리고 그 세 가지 요소는 對聯을 설계하는데 모두 적극적으로 활용된다.

① 字形을 활용한 裝飾

절묘한 對聯을 완성시키는데 字形의 활용은 특히 중요하다. 다시 말해 字形을 활용한 장식은 對聯의 예술특색을 더욱 돋보이게 할 수 있다. 구체적으로 字形을 나누는 방법 析字, 반대로 자형을 병합하는 방법 拼字, 글자를 빼고 더하는 방법 嵌字, 혹은 글

자를 숨기는 방법 藏字 등이 있다.[47]

析字聯이란 곧 한 글자를 쪼개서 對聯을 구성하는 방법으로, 종종 사람들로 하여금 무릎을 치며 감탄하게 한다. 청나라 魏源은 9살 때 縣의 童子試에 참가했는데, 시험 전 서당선생이 그의 재학을 시험해보기 위해 특별히 한 련을 지어 보였다. :

閒看門中月 ; 틈 사이로 보니 문 가운데 달이 있다

번체자 閒은 門과 月로 나누어지니 참으로 절묘했다. 魏源이 벽 위에 "春耕圖"가 걸려있는 것을 보고 계발을 받아 즉시 하련을 지어 말했다. :

思耕心上田 밭 가는 것을 생각하니 마음 위에 밭이 있다

즉 "思"자는 "心"자와 "田"자로 쪼갤 수 있으니, 思는 결국 心田里의 耕耘으로, 그것으로 하여금 지혜의 과일을 결합시키는 것이 아닌가? 하련을 지음이 공정하니 보배를 한곳에 꿰는 경지에 다다랐다.

析字聯과 반대로 拼字聯이 있는데, 拼字對는 또한 合字對라고도 불린다. 자형의 나눔과 반대로, 자형의 병합 또한 오묘한 對

---

47   이밖에도 같은 편방의 글자를 활용하는 방법, 숫자를 이용하는 방법 등이 있다. 지면 관계상 생략한다.

聯을 구성할 수 있다. 拼字로 對聯을 짓는 방면에는 아마도 金章
宗과 李貴妃의 佳聯이 가장 유명할 것이다. 한번은 金章宗이 嬪
妃에게 對聯 하나를 읊었다. :

二人土上坐; 두 사람이 흙 위에 앉았다

"二人"을 "土"자 위에 합치니 "坐"자가 된다. 이에 부합하는
하련을 쓰는 일은 결코 쉬운 일이 아니었다. 지혜로운 李貴妃가
대답하여 말했다.

一月日邊明 해와 달의 곁은 밝다

이 아름다운 佳句는 "日" 옆에 "月"을 더해 "明"자를 만들면
서 상련에 공정하게 대를 이룰 뿐만 아니라, 그 비유함이 절묘하
니, "月"로써 자기를 비유하고, "日"은 군왕을 가리키는 것으로,
金章宗의 마음을 깊게 얻어 평생토록 총애를 받았다.
『聊齋志異』중에는 한 폭의 유명한 藏字聯이 수록되어 있다.
명조의 한 각료가 농민 봉기군에게 투항한 적이 있었는데, 후에
또 다시 청조의 대관이 되었다. 만년에 고향에 돌아갔으나 또 발
탁이 되었다. 어떤 사람이 이를 두고 액자에 "三朝元老"라는 제
를 쓰고, 또한 한 폭의 對聯을 썼다.

一二三四五六七
孝悌忠信禮義廉

사람들이 그것을 보고 어떤 뜻인지 몰랐다. 속사정을 이해하는 어떤 사람이 그 자초지종을 말하였다. 원래 상련에는 "八"자가 숨겨져 있고, 하련에는 "耻"자가 숨어있다고 하니, 이 대관을 "忘八", "無耻"라 욕하는 것이다.

② 字音의 조화

字音의 조화의 방면에서 疊字, 諧音이 자주 쓰이는 수법이다. 疊字의 連用은 "大珠小珠落玉盤"의 미감이 있고, 諧音의 절묘한 운용에는 역시 "一石雙鳥"의 묘미가 있다.

疊字는 疊音이라고도 불린다. 疊字法을 말하면 항주 "西湖天下景" 亭聯을 떠올리기 쉽다. 이 疊字聯은 행서와 초서로 번갈아 써서 사람들을 들뜨게 하며, 각종 다양한 독법을 허용한다. 일반적으로는 한자 한자 순서대로 읽는다.

水水山山, 處處明明秀秀;
晴晴雨雨, 時時好好奇奇

두말할 필요 없이 이것은 西湖 풍경에 대한 객관적인 묘사로, 西湖 풍경의 아름답고 신기함을 형용한다.

疊字法과 마찬가지로, 諧音法 역시 발음 조화의 한 방법이

다.[48] 먼저 고사 한 편을 소개 한다. :

明代 陳治은 어렸을 때부터 남달리 총명했는데, 늘 그 아버지로부터 진심어린 가르침을 받았다. 하루는 두 부자가 강변에 나갔는데 한 작은 배가 강을 거슬러 올라오는 것을 보았는데, 오래지 않아 큰 돛을 단 배에게 추월을 당했다. 아버지가 그것을 보고 상구를 읊었다. :

兩船竝行, 櫓速不如帆快;

두 배가 나란히 가니, 노는 범보다 빠르지 않구나

표면상으로는 단지 바람을 탄 범선이 노를 젓는 작은 배보다 빠름을 직설한 듯이 보이나, 사실 그것은 三國 東吳의 謀士 魯肅이 東漢의 猛將 樊噲보다 못함을 암시한 것이다. 왜냐하면 "櫓速"은 魯肅과 발음이 같고, 帆快 역시 樊噲와 조화된다. 陳治은 이 구절을 깊이 생각하더니, 마침 강둑으로 걸어오는 목동의 단소와 통소가 조화롭게 소리 내는 것을 듣고, 즉시 하련을 이었다. :

八音齊奏, 笛淸難比簫和

여덟음이 나란히 연주되니, 피리의 맑음은 통소의 조화로움과 비교되기 어렵구나

---

48   諧音法은 오묘한 말이 雙關되기 때문에, 항상 對聯에 기지, 유머, 흥취의 색채를 증가시켜준다. 이러한 특색을 뚜렷이 보여주는 對聯으로 "賈島醉來非假倒; 劉伶飮盡不留零(가도가 술에 취하니 억지로 넘어진 것이 아니다; 유령이 술을 마시니 남기는 것이 하나도 없다)" 를 들 수 있겠다.

"笛淸"은 北宋의 武將 狄靑과 발음이 같고 "簫和"은 西漢의 謀士 簫何와 조화된다. 音義에서 상련과 조화를 이룰 뿐 아니라, 語義 상에도 절묘하게 대응을 이룬다. : 만약 상련이 文臣이 武將에 미치지 못한다는 뜻을 암시했다면, 하련은 武將은 文臣과 대적하기가 어려움을 은유한 것이다.

　중국어에서 어떤 글자는 다른 독음이 있는데, 독음이 다르면 의미도 달라진다. 예를 들어 "好"를 上聲으로 읽으면 "好壞"의 "好"이고, 또한 "土沃好種莊稼"의 "好"이기도 하다(편리하다, 쉽다의 의미). ; 만약 去聲으로 읽으면 그것은 "愛好"의 "好"가 된다. 明代의 才子 徐文長은 이러한 異讀을 이용하여 괴상한 對聯을 썼다. :

好讀書, 不好讀書; 독서하기에 좋으나, 독서를 좋아하지 않고

好讀書, 不好讀書 독서를 좋아하나, 독서하기가 어렵다

　상 하련은 同字처럼 보이지만 실제로는 "好"의 異讀으로 인해서 서로 다른 의미를 함의한다. 상련은 마땅히 好hǎo 讀書, 不好hǎo 讀書"로 봐야 하고; 하련은 그것과 반대로 "好hǎo 讀書, 不好hǎo 讀書"로 읽어야 한다. 전련의 의미는 소년시절에 기억력이 좋으니 독서하기에도 좋지만, 노는 것을 좋아하여 독서를 좋아하지 않고; 노년에 이르러 독서를 애호하게 되었을 때는 이미 늙어서 독서가 쉽지 않다는 뜻이다. 이 異讀의 오묘한 대구는 사실

2부 조금 더 궁금한 이야기

勸學의 名聯인 것이다.[49]

③ 字義의 妙用

좋은 對聯을 쓰기 위해서는 물론 글자의 뜻을 잘 운용해야 한다. 즉 좋은 對聯은 오묘한 字義를 통해 체현되는 것이다. 字義[詞義]를 잘 활용하기 위해 자주 쓰는 방법으로 比喩, 比擬, 借代, 誇張, 映襯, 雙關, 用典 등이 있다.[50]

明代의 郭希賢은 어렸을 때 아주 총명했는데, 어느 날 부친과 함께 교외로 놀러갔다. 복숭아꽃이 만개하고 버드나무 푸르고, 원앙과 제비가 노래를 하며 춤을 추는 좋은 春景을 보고, 아버지가 감흥이 일어 문장을 하나 읊었다. :

燕入桃花, 猶如鐵剪裁紅錦;

제비가 도화꽃으로 날아드니, 마치 가위로 붉은 비단을 재단하는 듯 하다

---

49   이밖에도 **字音** 조화의 방법으로 **同音異義法**을 들 수 있는데, 이 또한 **異讀法**과 마찬가지로 절묘한 **字音**의 조화로 빼어난 운미가 있다.

50   여기서는 편의상 **字形**, **字音**, **字義**로 나누어 간략히 설명했지만, 이밖에도 단어나 문장배치, 즉 어휘, 어법을 기준삼아 대련을 분석할 수 있다. 그렇게 되면 대련분석의 폭은 훨씬 넓어진다. 지면관계상 따로 언급을 피한다.

郭希賢이 즉석에서 이어갔다. :

鴛穿柳樹, 却似金梭績翠絲

원앙이 버드나무를 헤치니, 마치 베틀이 비취실을 짜는 듯 하네

하나는 제비를 "鐵剪"으로 비유하고, 하나는 원앙을 "金梭"으로 비유했다; 하나는 도화를 紅錦으로, 하나는 버드나무 가지를 翠絲에 비유했다. 모두 절묘하게 맞아떨어지고 형상에 잘 맞으니, 확실히 춘경을 묘사한 佳聯이다. 對聯에서는 또한 비유를 이용하여 인물을 형상화시키기도 한다.

명대의 才子 解縉은 학문이 아주 높았는데, 유명무실한 사람을 좋게 보지 않았다. 한번은 한 명의 수재가 그를 찾아와 對聯을 겨루고자 했는데, 외워서 온 것처럼 말했다. "牛跑驢跑跑不過馬; 鷄飛鴨飛飛不過鷹 소가 달리고 당나귀가 달려도 말을 따라가지 못하고, 닭이 날고 오리가 날아도 매를 따라가지 못한다." 解縉은 듣고서 크게 웃으며, 그에게 다시 對聯 한 폭을 보냈다. :

塔上芦葦, 頭重脚輕根底淺;

탑 위의 갈대는 머리는 무거운데 다리는 가볍고 뿌리는 얕으며

山間竹笋, 嘴尖皮厚腹中空

산속의 죽순은 입은 삐죽하나 가죽은 두껍고 속은 비어있다

그 수재가 듣고서 아주 부끄러워했다. 이 對聯은 그 소양 없고

허울뿐인, 진정한 才學이 없는 사람의 형상에 대한 묘사라고 볼 수 있다.

宋代에 田登이라 불리는 지방관리가 있었다. 그는 야만적이고 도리를 지키지 않고 백성들을 탄압했는데, 자기의 이름이 登이었기 때문에 "燈"자 쓰기를 꺼렸고, 백성들로 하여금 "火"자로 고쳐 쓰라고 명령했다. 새해 정월 보름에 온 지역에 공고가 붙었다. : "본 지역은 禮에 의거하여 3일간 放火한다.", 글자쓰기를 피하기 위해 "放燈" 두자를 "放火"로 바꾼 것이다. 사람들은 불평을 늘어놓으며, 對聯으로 그것을 풍자했다.

只準州官放火; 주관이 방화하는 것만을 허가하고
不許百姓點燈 백성이 등을 밝히는 것을 불허한다

이 對聯은 후에 폭정에 반대하는 명언이 되었다. 이렇게 두 종류 서로 상반되는 사물을 선명하게 대비시키는 수법을 影襯이라고 한다.

다시 말하면, 影襯은 예술의 대비이다. 예술적인 대비가 이루어지기 때문에 사회모순의 폭로에 자주 사용된다.

(3) 對聯의 풍격

이번에는 풍격의 각도에서 對聯을 고찰해보기로 하자. 꽃이 천만가지 자태로 자신의 미색을 표현하는 것처럼, 對聯 또한 각각의 방법으로 다양한 예술 풍격을 표현해 낸다. 이러한 다양한 풍격 속에서 비교적 자주 보이는 것으로는 純爛, 平淡, 繁豊, 簡約, 剛健, 柔婉, 莊重, 詼諧 등이 있다.

西湖의 月老祠에는 한 폭의 對聯이 있다. :

願天下有情人, 都成了眷屬;

세상에 정인이 있기를 소망하니, 모두 가정을 이루었다

是前生注定事, 莫錯過姻緣

전생에 인연이 점지어져 있으니, 혼인을 망쳐본 적이 없다

상련은 『西廂記』에서 나온 것이고, 하련은 『琵琶記』에서 취한 것이다. 아주 자연스럽고, 의미 또한 명쾌하니, 月下老人이 인간을 위해 좋은 인연을 점지해 준다는 아름다운 對聯이다.

西湖 月老祠에는 이런 對聯도 있다. :

十四風吹開紅萼, 悟蜂媒蝶使總是因緣, 香國無邊花有主;

스물 네 번의 바람이 불어와 붉은 꽃받침을 열고, 벌과 나비로 하여금 인연을 만들게 하는 것을 깨달으니, 향국은 끝이 없고 꽃은 모두 주인이 있구나

一百年系定赤繩, 願稱李夭桃都成眷屬, 情天不老月長圓

백 년 동안 붉은 새끼줄을 매달아 놓아, 무성한 李夭桃가 모두 가정을 이루길 바라니, 정이 넘치는 날은 다하지 않고 달은 오래도록 둥글구나

이 또한 혼인에 대해서 쓰고 있지만, 그 작법에 있어 수식과 인용을 많이 사용하고 있다. : "稱李夭桃"는 "有情人"을 비유하고 있고 "一百年系定赤繩"의 典故를 사용하여 "前生注定事"의 형상을 말하고 있다. 이러한 妙語는 "蜂媒蝶使", "香國", "情天", "月長圓" 등의 비유와 조합되어 애정생활의 감미로움을 다양하게 묘사해내고 있다.

두 對聯의 비교에서 우리는 소위 平淡 혹은 純爛의 풍격이란 주로 對聯 속 수식과 인용의 많고 적음에 의해 결정된다는 것을 알 수 있다. 첫 번째 對聯은 수식과 인용을 쓰지 않아 소박함을 추구하여 平淡한 풍격을 체현했고, 두 번째 對聯은 수식과 인용을 다양하게 사용하여 화려함을 추구하여 純爛한 풍격을 만들었다.

민간전설에 이런 對聯故事가 있다. 명대 蘇州의 才子 唐伯虎는 對聯創作을 잘 했다. 하루는 한 富商이 그를 청해 새로 문을 여는 점포를 위해 對聯을 짓게 했는데, 그는 붓을 들자마자 對聯을 완성했다. :

生意如春意; 돈벌이가 마치 춘의와 같고

財源似水源 재원이 흡사 수원과 같다

전아하고 장중하다. 생기 넘치는 "春意"로 "生意"를 비유했고, 콸콸 흐르는 "水源"으로 "財源"을 비유했는데, 이것은 곧 새로 여는 가게가 잘 되기를 축원하는 말이다. 그러나 그 富商은 그것을 좋아하지 않았다. 唐伯虎는 달리 방법이 없었다. 다시 한편의 對聯을 지었다. :

門前生意, 好似夏夜蚊忠, 隊進隊出;
가게 앞 돈벌이가 마치 여름밤 모기와 같아서 무더기로 들어와서 무더기로 나간다

夜里銅錢, 要像冬天虱子, 越促越多
밤중에 동전은 겨울날의 이와 비슷해서 쫓으면 쫓을수록 더 많아진다

"蚊蟲", "虱子"는 사람들이 싫어하는 것인데, "門前生意"로 모기들이 떼로 들어오고 나가는 것을 비유했으며, "夜里銅錢"으로 虱子가 쫓을수록 많아짐을 비유했다. 그러자 富商은 화를 풀었고 얼굴에 웃음이 돌았다. 전후 두 對聯을 비교해보면 알 수 있다. 두 對聯 모두 비유를 사용했고 그 내용은 돈을 잘 벌기를 기원한 것인데, 단지 하나는 정상적인 방법을 썼고 하나는 비정상적인 방법을 사용함으로서 각각 장중함과 익살스러운 풍격을 표현하고 있다.

08. 小結

이상으로 한자 특유의 언어예술이라 할 수 있는 對聯에 대해 몇 가지 방면으로 나누어 살펴보았다. 먼저 對聯은 유구한 역사를 가지고 있고, 그 사용범위 또한 매우 광범위하다는 것을 알 수 있다. 對聯은 唐代부터 본격적으로 창작되기 시작했고 계속해서 확대, 발전되어 왔으며, 오늘날까지 활발히 창작되는 생생한 문화예술이라고 할 수 있겠다. 또한 對聯은 역대로 황제부터 민간의 가난한 서생에 이르기까지 많은 사람들이 창작을 즐겼고, 담고 있는 내용 또한 실로 다양했다. 완성된 對聯은 다양한 장소에 걸려 사람들의 눈앞에 펼쳐짐으로서 장식의 효과를 크게 지닌다.

對聯의 창작은 실로 엄격하다고 할 수 있겠는데, 상, 하련이 가지런히 대구를 이루어야 하고, 字義 또한 대를 이루어야 한다. 이처럼 상, 하 양 련 만을 가지고 마음속에 있는 수많은 말들을 극도로 정련시켜 표현하고 있다. 따라서 좋은 對聯을 짓기란 생각처럼 쉬운 일이 아니었다. 좋은 對聯을 짓기 위해서는 자형, 자음, 자의를 적극 활용해야 하고, 다양한 수법을 동원해야 했다. '詩中之詩'의 높은 예술적 성취를 이루는 名聯은 그리하여 그 가치를 높게 인정받고 있는 것이다.

對聯을 살펴보면서 옛 사람들의 멋과 낭만을 느낄 수 있었다. 기쁘면 그 기쁨을 적극적으로 표현하고, 멋진 풍경에 서면 여지없이 붓을 움직였으며, 슬프면 그 슬픔을 가슴 저 깊숙한 곳에서부터 끌어올려 감동을 더해준다. 그 뿐인가, 가게를 열게 되면 對聯을 써서 고객의 발걸음을 잡아끌었으며, 짝을 찾기 위해 적극 활용하기도 했다. 이러한 여러 종류의 대련을 통해서 인간, 세계, 자연 등에 대한 옛 사람들의 다양한 感受와, 나아가 그들의 인생관과 세계관을 느낄 수 있었다. 對聯을 두고 중국문화의 일대 표지다, 라는 말을 한다. 그 정도로 對聯은 중국인들의 정신생활과 밀접하게 관련되어 있다. 앞서도 말했지만 중국인들이 있는 곳이면 어디든 쉽게 對聯을 발견하게 된다. 故事成語가 그러한 것처럼 역대로 창작된 많은 對聯 역시 對聯을 짓게 된 배경과 고사가 있다. 중국문화에 대한 탐색이 다각적으로 활발하게 진행되는 지금, 對聯 역시 그것을 이해하는데 좋은 통로가 될 것 같다. 예컨대 중국 문화에 관련된 수업에도 많은 도움이 될 것 같다.

〈참고문헌〉

顧平旦 외,『名聯鑑賞詞典』, 黃山書社, 1991

銅陵市政協文史資料委員會,『中國同盟會會員對聯輯注』, 安徽大學出版社, 2004

卜林西 외,『古今對聯故事集』, 山西教育出版社, 1992

常江 외,『中國對聯大詞典』, 中國友誼出版公司, 1991

豊滔,『對聯』, 吉林攝影出版社, 2004

胡奇光, 强永華,『對聯藝術』, 上海古籍出版社, 1995

王濤 외,『中國成語大詞典』, 上海辭書出版社, 1995

馬文熙 외,『古漢語知識詳解辭典』, 中華書局, 1996

고전 중국어의 비밀

흥미로운 고전 중국어 이야기

초판 1쇄 발행일 2022년 08월 31일
지은이 이종철
펴낸이 박영희
편집 문혜수
디자인 어진이
마케팅 김유미
인쇄·제본 제삼인쇄
펴낸곳 도서출판 어문학사
　　　　서울특별시 도봉구 해등로 357 나너울카운티 1층
　　　　대표전화: 02-998-0094 / 편집부1: 02-998-2267, 편집부2: 02-998-2269
　　　　홈페이지: www.amhbook.com
　　　　트위터: @with_amhbook
　　　　페이스북: www.facebook.com/amhbook
　　　　블로그: 네이버 http://blog.naver.com/amhbook
　　　　다음 http://blog.daum.net/amhbook
　　　　e-mail: am@amhbook.com
　　　　등록: 2004년 7월 26일 제2009-2호

ISBN 979-11-6905-008-1(93720)
정가 15,000원

※잘못 만들어진 책은 교환해 드립니다.